KB075953

Rock 음악사 와
흥미로운 경영전략

락음악사[50'~90']
흥미로운 경영전략

박상현 지음

● 서론: 왜 록인가?

음악없는 삶이 존재할까?: 음악을 듣지 않고 사는 사람은 존재할까? 음악이 어떻게 인류 역사와 함께 생성이 되었는지는 역사적으로 정확하게 고증할 수는 없지만 고고학자나 인류학자들은 고대부터 음악이 인류와 밀접하게 연관되어 있었다는 것을 어렴풋이 발견하곤 한다. 그러면 왜 음악은 고대부터 인류와 함께 살아 왔을까? 그것은 음악이 주는 '정화작용' 때문이 아닌가 싶다. 고대 그리스어로 '노래하다'라는 단어는 (치유하다) '고치다'라는 뜻도 있다. 현대 의학적으로 하루에 노래 몇 곡을 들으면 건강에 이롭다고 한다. 즉 음악이라는 것이 마음을 평화롭게 하여 스트레스 해소 효과가 있음이 분명하다.

오늘 소개할 다양한 록 음악에서도 가장 모태가 되는 '블루스' 음악 역시 아프리카에서 끌려온 흑인 노예들의 힘든 노동에서 그 고통을 해방시켜준 일종의 노동요였기 때문이다. 저명한 음악 사회학자 사이먼 프리스는 대중음악의 세 번째 기능에서 좋은 음악의 가치는 시간을 정지시키고 순간 속에 우리가 살아 있다는 느낌을 체험하게 하고 이전의 일과 앞으로 닥칠 일에 대한 걱정과 염려를 잊게 만드는 능력에 달려 있다고 주장한다.

왜 많은 음악 중 'Rock n Roll'(이하 록)인가?: 평론가 찰스 질레트에 의하면 지구촌의 다양한 지역적 문화 중 록 음악은 '국지적 음악이 전국적 대중음악이 된 최초의 사례'라고 말한다. 미국의 한 지역인 테네시주 멤피스의 음악이 지구촌의 공통의 문화로 자리 잡은 것이다. 흔히 음악은 지구촌의 공통 언어라고 말한다. 서로 민족간 언어가 같지 않아도 음악으로 인해 무리 없이 소통하고 친밀해진다. 한 지역의 음악인 록 음악은 지구촌의 대표적 공통 언어로 자리 잡아왔다. 특히 수십 년이상 젊은이들의 음악으로 자리매김하고 있는 록 음악의 기원과 시대별 다양한 흐름들을 장르음악 자체의 특징과 사회적인 배경들과 함께 이야기해보자

- 1부 록! 어디서 왔나?

1. 블루스 '강제로 끌려온 흑인의 울분'

원시적 음악의 형태: 인류 역사를 거슬러 올라가 고대의 음악은 어떤 형태였을까? 인류가 가장 쉽게 행위 할 수 있는 것은 어떤 것을 '두드리는 것'이 아닐 수 없다. 손뼉을 친다든지 어떤 사물로 다른 사물을 치면서 소리를 낸다든지 이런 일종의 '타악기적'인 소리가 가장 원초적인 형태의 음악이고 역사학자나 고고학자들이 이를 고증하고 있다. 뭔가를 두드리며 감정을 표현하는 인류의 첫 악기인 타악기는 비교적 원시적인 형태의 사회를 간직하고 있는 아프리카의 현장을 다룬 다큐멘터리 채널에서 종종 목격되곤 한다.

'Blue'한 음악: 이 세상에 삶을 영유하는 사람은 모두가 그 뿌리, 즉 부모가 있듯 모든 것에는 원인이 있다. 록 음악은 어디서 왔을까? 너무나도 유명한 엘비스 프레슬리가 가장 먼저 록 음악을 선보인 것일까? 비틀즈? 록 음악의 탄생을 논하기 이전에 먼저 록 음악의 모태가 되는 음악을 알아볼 필요가 있다.

유럽에서 아메리카로 건너온 백인들은 아프리카의 흑인들을 무차별적으로 강제로 데려와 그들의 노예로 부렸다. 노예의 신분인 흑인들은 면화밭 등에서 하루 종일 강제노동에 시달려야 했다. 우리 민족의 선조들이 힘들게 농사를 하고 전통요인 민요를 즐기면서 힘든 일상을 달랬듯이 흑인들도 인권 유린의 그늘 속에서 힘든 노동을 마친 후 고향에서 즐기었던 전통적인 타악기 등의 음악을 하며 구슬펐던 심정을 달래고 싶었을 것이다. 하지만 흑인들은 그런 행위가 허락 받지 못하였다. 그 이유는 타악기는 어떤 사물로 다른 사물을 충격을 주어야만 소리가 나는 악기인데 이런 행위들이 폭력성을 조장할 수 있다는 것이었다. 그들이 할 수 있었던 악기는 현악기인 '기타'였다. 면화밭에서 힘들게 일하면서 누군가 선창을 하고 이내 다른 사람들이 따라 부르는 노동요에서부터 출발해 거기에 기타 선율을 입힌 음악이 바로 블루스 음악이다. 블루스라는 단어는 'Blue' (슬픈의 의미)에서 나온 것도 바로 이런 그들의 암울했던 시대를 반영하는 데서 온 것이 아닐까 싶다

전설적인 블루스 맨 '로버트 존슨'

대표적인 블루스맨: 블루스의 본격 장르의 자리매김은 기타 하나만 가지고 아메리카를 유랑했던 블루스맨들에게서 시작했

다고 볼 수 있다. 가장 원류적인 블루스는 전설적인 블루스맨 Robert Johnson(로버트 존슨)에게 가장 먼저 발견이 되는데 1930년대 중반으로 흔히 '농촌블루스'라고도 한다. Blind blake(블라인드 블레이크), Blind lemon Jefferson(블라인드 레몬 제퍼슨), Son house(손 하우스), Muddy waters(머디 워터스), Howlin' wolf(하울링 울프), Willie Dixon(윌리 딕슨), Elmore james(엘모어 제임스), Sonny boy Williamson(소니 보이 윌리암슨), John lee hooker(존 리 후커) 등이 대표적 선조격 블루스맨들이다.

우리에게 더욱 친숙한 블루스는 1940년대 이후 확립된 '도시 블루스'인데, Otis rush(오티스 러쉬), B.B.king(비비킹), Albert king(앨버트 킹), Jimmy reed(지미 리드), Big bill bronzy(빅 빌 브론지), T-bone walker(티 본 워커), Little walter(리틀 월터), Jimmy rogers(지미 로저스) 등이다. 농촌 블루스가 어쿠스틱한 기타 하나만 가지고 유랑하며 흑인들의 애환의 정서를 대변한 반면(초기 블루스맨들은 유랑으로인해 단명한 사람이 많다) 도시블루스에서는 전기기타가 도입이 되었고 멤피스, 텍사스, 시카고 등 여러 도시의 지역 특색과 더불어 다양하게 발전되었다.

● 참고 곡

Crossroad blues -Robert johnson [1937']
Stormy Monday blues -T-bone walker [1942']
Hey hey -Big bill bronzy [1951']

Blues with a feeling -Little walter [1953']

Hoochie coochie man -Muddy waters [1954']

The sky is crying -Elmore james [1960']

Back door man -Howlin' wolf [1961']

Boom boom -John lee hooker [1962']

You shook me -Willie Dixon [1962']

The thrill is gone -B.b.king [1969']

2. 컨트리 '유럽에서 넘어온 백인들의 여가용 음악'

컨트리 앤 웨스턴, 순수 백인 음악?: 아메리카의 록의 모태가 되는 음악은 블루스 외에도 컨트리 앤 웨스턴(Country & Western 이하 컨트리)이 있다. 블루스는 주로 흑인에게서 영위된 반면 컨트리는 백인에게서 나타났던 문화 현상이다. 컨트리는 미국 남부 및 남서부의 산악 지대로 이주한 백인이 그들의 고향인 유럽의 전통음악과 그 지방의 특색이 어우러져 발전된 음악이라고 할 수 있다. 블루스와 유사하게 이들 역시 고단한 하루를 끝내고 스트레스 해소 혹은 무료한 일상에서의 탈출의 도구로써 다같이 모여 라운드댄스, 컨트리댄스를 치며 피들러, 기타, 밴조 등의 악기를 덧붙여 서로 흥겹게 즐기는 데에서 발전했다. 아프리카 전통음악이 타악기가 발전된 반면 컨트리는 드럼은 잘 사용하지 않았다.

컨트리는 1920~30년대 라디오 방송이 발전하면서 아메리카 전국으로 전파되었다. 그러면서 백인들의 전유물인 컨트리 음악은 블루스와 교류가 빈번해지게 되었다. 다시 정리를 해서 차후에 언급하겠지만 좀 더 시간이 흐른 뒤 록이 블루스와 컨트리의 융합체라는 점을 감안한다면 이는 자연스러운 문화적인 수순이 되는 셈이다.

컨트리 음악이 주는 정서: 아메리카 남부인이 남북전쟁에서 패배하자 컨트리 음악은 패배했던 남부인의 정서를 더욱 대변하게 되고 거기에서 좀 더 나아가 때로는 남부인의 (패배했지만) 자긍심으로까지 표출되기도 했다. 컨트리 음악이 보수성을 띄는 것은 바로 이런 이유에서 비롯된 것이다. 뒤에 볼 포크 음악이 세상을 계몽하고 사회를 더 나은 세상으로 변화하는데 일조한 특징에 비해 컨트리는 삶이 피곤해도 긍정하고 신께 의지한다는 것도 바로 남부인의 역사적인 경험에서 비롯된 것이다. 음악 자체적으로도 컨트리는 마음을 편안하게 해주는 매력이 존재하는 반면 포크 음악은 선동적이고 정치적인 느낌이 존재한다.

대표적인 컨트리맨: 1930년대부터는 Delmore brothers(델모어 브라더스), Monore brothers(먼로 브라더스), The Carter family(카터 패밀리)와 앞서 보았던 지미 로저스 등이 컨트리의 선조격으로 컨트리 장르화에 기여했다. 40~50년대에는 본격적으로 전국적으로 대중화되어 George jones(조지 존스), Hank Williams sr.(행크 윌리암스), Frankie laine(프랭키 레인), Johny cash(자니 캐쉬)등이 컨트리를 주도했다. 특히 자니 캐쉬는 '컨트리의 제왕'이라는 칭호를 받고 있을 정도로 그 업적과 인기가 대단하다. 이 시기에는 컨트리 음악에도 전기기타가 일반화되었다. Ernest tubb(어네스트 텁), Chet atkins(쳇 에킨스), Merle travis(멀 트래비스)는 컨트리 기타의 아버지들이다. 특히 쳇 에킨스는 국내에서도 기타리스트 지망생들에게 초기 기타 주법을 배울 때 빠지지 않고 나오는 인물 중 하나이다.

로큰롤의 제왕 '엘비스 프레슬리'

로커빌리: 앞서 컨트리가 블루스 등의 흑인음악과 교류가 빈번했다고 언급한 바 있는데 바로 그의 결과로 나온 대표적인 흐름이 Rock-a-billy(로커빌리)이다. 로큰롤 탄생 직전에 그 탄생에 가장 큰 영향을 미쳤으며 일부는 자체가 록으로도 평가가 가능한 음악이다.

50년대에 탄생했던 이 흐름은 테네시주 멤피스의 선 레코드사(Producer: Sam phillips)에서 배출한 뮤지션에서 주로 나타났다. 샘 필립스는 바로 '로큰롤의 제왕' 엘비스 프레슬리를 탄생시켰다. 이 외에도 Carl perkins(칼 퍼킨스), Jerry lee lewis(제리 리 루이스), Roy orbison(로이 오비슨)이 선 레코드사의 대표 뮤지션이다. 선 레코드사 외에도 Gene Vincent(진 빈센트), Eddie Cochran(에디 코크런), Ricky nelson(리키 넬슨), Buddy holly(버디 홀리), Everly brothers(에벌리 브라더스) 등 로커빌리의 대표적인 뮤지션이다. 이 외에도 Billy lee riley(빌리 리 라일리), Sonny Burgess(소니 버지스), Charlie feathers(찰리 피더스), Warren smith(워렌 스미스) 등이 있다.

● 참고 곡

Walking the floor over you -Ernest tubb [1941']

Blues stay away from me -Delmore brothers [1949']

I'm so lonesome I could cry -Hank Williams [1949']

I believe -Frankie laine [1953']

Don't be cruel -Elvis Presley [1956']

Blue suede shoes -Carl perkins [1956']

Whole lotta shakin' goin' on -Jerry lee lewis [1957']

Well..all right -Buddy holly [1958']

All I have to do is dream -Everly brothers [1958']

Hello mary lou -Ricky nelson [1961']

Ring of fire -Johnny cash [1963']

In dreams -Roy orbison [1963']

Always on my mind -Willie nelson [1982']

Sails -Chet atkins [1987]

3. 로큰롤의 탄생

Rhythm & Blues: 도시블루스에서 '댄스 Beat'(비트)를 덧붙인 음악이 'R&B' 바로 '리듬 앤 블루스'이다. 초기 블루스 음악과 다른 점은 블루스 음악이 흑인의 침울한 비애의 감정을 토로한 반면 리듬 앤 블루스는 인생의 쾌락을 노래했다는 것이다. 로큰롤이라는 단어가 성행위를 묘사하는 것에서 나온 것을 감안한다면 그 모태 격인 리듬 앤 블루스의 음악 소재를 유추할 수 있다.

대표적인 뮤지션: 1940~50년대에 흥하기 시작한 리듬 앤 블루스, 이해하기 쉽게 말해 'Hard한 블루스'의(하드록을 상기할 것) 대표적인 뮤지션으로는 Louis Jordan(루이스 조던), Big joe turner(빅 조 터너), Fats domino(팻츠 도미노), Bo diddley(보 디들리), Ruth Brown(루스 브라운), Sam cooke(샘 쿡), Chuck berry(척 베리), Little Richard(리틀 리처드) 등이다. 이들은 로큰롤의 가장 가까운 선조들이다. 척 베리와 리틀 리처드는 여기에서 출발해 첫 로큰롤의 문을 연 '록의 시조'라고 할 수 있다. 그리고 필라델피아 출신의 Bill haley(빌 헤일리)는 리듬 앤 블루스와 컨트리 앤 웨스턴의 융합체인 로큰롤의 최초 싱글 'Rock around the clock'(54')을 남기었다.

최초의 록 싱글 'rock around the clock'과 '빌 헤일리'

록의 탄생: 정리한다면 록은 블루스와 컨트리의 시너지로 인해 나온 음악이라고 할 수 있고 더욱 자세히 말하면 리듬 앤 블루스와 컨트리 앤 웨스턴의 빈번한 교류 끝에 나온 결과물이라고 할 수 있다. 시기로는 1950년대 중반이 될 것이고 앞서 언급했던 로커빌리 뮤지션들과 '하드한' 리듬 앤 블루스 뮤지션들이 그 무대의 첫 주인공들이다. 바로 'Baby' 록이 탄생한 것이다. 그러면 우리가 흔히 말하는 'Rock Spirit'이라고 하는 록 특유의 '저항의 이데올로기'는 어디서 왔을까?

록의 시조로 평가 받는 '리틀 리처드'와 '척 베리'

* 참고 곡

I like 'em fat like that -Louis Jordan [1947']

Crazy man crazy -Bill haley & his comets [1953']

Shake rattle & roll -Big joe turner [1954']

Tutti frutti -Little Richard [1955']

Hound dog -Elvis Presley [1956]

Who do you love? -Bo diddley [1956]

Lucille -Little Richard [1957']

Dizzy miss lizzy -Larry Williams [1958']

Johnny b goode -Chuck berry [1958']

My girl Josephine -Fats domino [1960']

● 흥미로운 경영경쟁전략 'SWOT 분석'

SWOT분석이란: 기업의 내부환경과 외부환경을 분석하여 강점
[Strength], 약점[Weakness], 기회[Opportunity], 위협[Threat]요
인을 규정하고 이를 토대로 경영전략을 수립하는 기법으로 미국의
경영컨설턴트인 알버트 험프리[Albert Humphrey]에 의하여 고안
되었다.

SWOT 분석은 갈수록 빠르게 변화하는 기업의 내, 외부환경의 변
화를 파악할 수 있다. 기업의 내부환경을 분석하여 강점과 약점을
찾고, 외부환경 분석을 통해서는 기회와 위협을 찾아낸다. 그럼으로
하여 기업은 외부로부터는 기회는 최대한 살리고 위협은 회피하는
방향으로 강점은 최대한 활용하고 약점은 보완하는
전략을 기획하여야 한다.

SWOT 분석에 의한 전략은 크게 4가지로 정리할 수 있다.

- SO 전략[강점-기회전략]: 강점을 살려 기회를 승화
- ST 전략[강점-위협전략]: 강점을 살려 위협을 회피
- WO 전략[약점-기회전략]: 약점을 보완 기회는 승화
- WT 전략[약점-위협전략]: 약점을 보완 위협은 회피

로큰롤 선조들의 SWOT을 통한 팝음악 시장 점령 분석:

	긍정적	부정적
로큰롤 자체요인	**Strength** 1. 젊은이들이 좋아하는 빠른 템포 2. 기존에 없던 흥겹고 신나는 리듬 3. 백인과 흑인을 모두를 아우르는 단순한 음악성	**Weakness** 1. 흑인에서 나온 음악이라는 부정적 인식 2. 성행위를 표현하는 데서 네이밍된 '로큰롤'의 하위문화 취급 3. 단순히 시끄러운 사운드 인식
팝시장 [+사회요인]	**Opportunity** 1. 젊은 세대들의 새로운 것에 대한 갈망 2. 대공황 이후의 경제적 안정기 돌입	**Threat** 1. 심각한 흑인 차별 2. 기득권과 기성세대들의 반발 3. 시스템화 되지 않았던 레이블과 음반유통시장

로큰롤의 선조들이 SWOT분석을 만들어 놓고 팝음악 시장에서 전략적으로 행동하였다는 것은 설득력이 없다. 결과를 가지고 SWOT 분석을 만들어 본다면 로큰롤의 선조들은 약점과 위협요인을 보완하기 보다는 'SO 전략' 즉 강점을 살리고 기회를 승화하는 전략을 취하였다. 어차피 약점과 위협요인을 커버할 수 없는 사회적인 분위기였기 때문에 이에 아랑곳 하지 않고 새로운 사회적 분위기에 힘입어 새로운 것을 추구하는 백인, 흑인 젊은이 모두가 공감하는 로큰롤 음악을 더 적극적으로 보완하고 다듬어 팝시장에 포지셔닝하여 전세계가 공감하는 ROCK음악을 만든 것이다.

이는 현재 우리에게도 시사점이 있다고 본다. 어떤 기업이든지 어떤 사업 아이템이든지 부정적이고 어두운 면은 존재할 것이다. CEO와 각 부서의 리더들은 기업이 처한 부정적인 상황에 치중하기 보다는 어떻게 사업아이템의 강점을 유리한 기회요인에 보태어 기업 이윤을 극대화할 것인가에 고민해야 할 것이다.

4. 포크 '사회를 계몽하는 지성인의 고뇌'

모던포크: 'Folk'라는 음악은 한 민족의 민속음악, 민요를 말한다. 하지만 흔히 말하는 '포크송'은 1930~40년대 아메리카에서 형성된 모던포크음악을 지칭한다. 여기서 다루고자 하는 것이 바로 협의의 포크음악(이하 포크)이다.

탄생 배경: 포크는 컨트리와 같은 뿌리를 가지고 있다. 그래서 곡의 형식, 화성은 크게 다르지 않다. 컨트리와 포크를 쉽게 분간하기 어려운 것도 바로 이런 이유라고 할 수 있다.

미국 경제는 30년대 대공황을 맞이한다. 주식시장은 붕괴되었으며 4명당 1명은 실직자로 전락했다. 대불황으로 인해 산업사회에 대한 비판의식과 빈곤에 의한 저항의식이 생겨나고 이런 흐름이 급진주의자들에 의해 주도되면서 그 수단으로 포크음악이 사용되었다. 즉 급진파들은 포크로 민중을 모으고 계몽하려 했다. 어떻게 하면 민중들은 쉽게 모으고 계몽할 수 있을지에 대한 의문은 구전 가요에 대한 자료 수집으로 이어져 Charles seeger(찰스 시거), Romax(로맥스) 부자(父子), '아메리카 포크의 아버지'라 불리는 Woody Guthrie(우디 거스리)와 Pete Seeger(피크 시거) 등은 이곳 저곳을 방랑하며 아메리카 민중 음악을 수집했다. 이 과정에서 포크 음악은 '구전민요'에서 '작가'가 있는 모던 포크로 바뀌었고 대중들에게 메시지를 주는 진보적이고 정치적인 음악으로 변모했다. 록 음악의 정신인 저항정신(Rock Spirit)은 바로 이런 포크 음악에서 영향을 받았다고 할 수 있다

아메리카 포크의 아버지 '우디 거스리'

포크의 순수성: 유럽으로부터 미국으로 이주한 백인들의 음악인 포크는 유럽의 포크와는 달리 현이 아니라 기타를 중심으로 노래되었는데 이런 기타(Guitar) 중심체제는 흑인 블루스 음악과 교류의 명분으로 작용해서 둘 간의 소통이 가능했다.

포크는 화려한 멜로디라인 보다는 계몽의 수단으로 활용되었기 때문에 악기 편성은 단순하다. 당시 돈 있는 사람의 전유물인 피아노나 상업적, 쾌락적 지향이었던 일렉트릭 기타를 거부하고 어쿠스틱 기타만을 가지고 가사에 담긴 진실되고 순수한 메시지를 대중들에게 투명하게 전달했다. (악기가 추가 된다면 하모니카나 밴조 정도)

대표적인 뮤지션: 1940년대 말~50년대 초 포크가 정부의 감시 대상이 되는 탄압시대를 거쳐서 포크는 60년대 화려하게 복귀한다. 60년대 초 포크는 베트남 전쟁 반대, 흑인인권운동, 자유연애운동 등 사회적 이슈에 힘입어 정치적인 운동을 주도한다. 50년대부터 활동한 Joan Baez(존 바에즈), Kingston Trio(킹스턴 트리오), Peter paul & mary(피터 폴

앤 메리)와 60년대 등장한 bob Dylan(밥 딜런), Judy Collins(주디 콜린스), Phil ochs(필 옥스), Tom Paxton(톰 팩스턴) 등이 '포크 운동'을 주도했다. 이들의 포크송으로 당시 지식인들을 집결했고 이들은 대중들을 계몽했다. 앞서 언급한 모던포크의 생성과정이나 60년대의 사회적 혼란기에서의 포크의 활동은 록 음악의 기성세대, 제도권에 대한 저항정신에 막대한 모티브를 주었다.

포크의 두뇌 '밥 딜런'과 '조안 바에즈'

● 참고 곡

This land is your land -Woody Guthrie [1945']

Tom dooley -Kingston trio [1958']

Wildwood flower -Joan baez [1960']

If I had a hammer -Peter paul & mary [1962']

Blowin' in the wind -Bob Dylan [1963']

We shall overcome -Pete seeger [1963']

The last thing on my mind -Tom Paxton [1964']

Like a rolling stone -Bob Dylan [1965']

The war is over -Phil ochs [1968']

Both sides now -Judy Collins [1969']

- 2부 록의 황금기

5. British Invasion '영국의 미국 침공'

로큰롤 선조들의 강제 퇴진: 50년대 중반 록을 이끈 뮤지션들은 대부분 흑인 뮤지션들이었다. 앞서 본 '록의 시조'격인 척 베리와 리틀 리처드의 진두지휘아래 루이스 조던, Larry Williams(래리 윌리암스), 팻츠 도미노, 빅 조 터너, 보 디들리 등 흑인 록 뮤지션들은 백인 청중들까지 매료시켰고 그 위세는 가히 상상을 초월했다. 백인 지배계급에게 '인간대접'을 받지 못했던 흑인들의 '스트레스 해소용' 음악에 수많은 백인 젊은이들이 정신을 못 차릴 정도로 빠져 들어가고 있었다. 당연히 백인 지배계층에서는 이 상황을 달갑게 여기지 않았다. 당시 미 정부에서는 CIA, FBI를 투입시켜 흑인 록 뮤지션들을 비밀리에 탄압하였다. 척 베리는 아동성추행으로, 리틀 리처드는 돌연 목사 전업으로 무대에서 사라지고 다른 흑인 뮤지션들도 여타의 이유로 사라져줘야 했다. 엘비스 프레슬리도 당시 군입대를 한 것을 감안한다면 백인 지배계층에서는 '로큰롤'이라는 새로운 음악이 젊은이들에게 부정적인 영향을 준다고 생각했던 것 같다. 진실은 어디에 있든 60년대를 맞이할 때는 50년대를 화려하게 수놓았던 초기 록의 거대한 돌풍은 사라진 뒤였다.

비틀즈 미국 상륙

The beatles 미국 상륙: 50년대 허리케인급 미국발 록의 열기
는 대서양을 쉽게 점프해 영국까지 도달했다. 당시 영국 대중
음악은 Cliff Richard & the shadows로 대표되는 '틴아이돌'
이나 'skiffle' 이라고 하는 독특한 스타일 등 몇 개의 음악 스
타일이 공존하고 있었다. 그런 상황에서 미국의 로큰롤과 유사
한 록을 했던 것은 영국 북부의 Mersey beat group(머시비트
그룹, 머지강 부근의 활동한 밴드들)의 일원인 The Beatles였
다.

비틀즈는 영국에서 언더그라운드에서 활동하다 64년 미국에 상
륙하면서 20세기 대중음악 역사상 최고의 신드롬을 야기했고
그 파급효과는 정치, 사회, 문화, 경제 등은 물론 지구촌 사회
곳곳에 깊숙하게 영향을 미쳤다. 비틀즈에 대한 이야기는 독자

들은 너무나 잘 알고 있고 비틀즈의 업적과 영향력은 그 스토리가 방대해 여기서 다루기에는 무리가 있다.

구르는 돌에는 이끼가 끼지 않는 최장수 록 밴드 '롤링스톤스'

브리티쉬 인베이젼: 비틀즈의 미국 공략이 성공적으로 이뤄지자 수많은 영국 밴드들이 앞 다투어 미 대륙에 진출을 하는데 바로 이 흐름이 'British Invasion'이다. 이 흐름을 이렇게 따로 테마에 중점을 두는 이유도 너무 광대한 흐름이었기 때문이다. 비틀즈를 필두로 The Rolling stones(롤링스톤스), The Who(후), Cream(크림), Yardbirds(야드버즈), The Hollies(홀리스), The Animals(애니멀스), The Kinks(킹크스), Free(프리), Led zeppelin(레드 제플린), Black sabbath(블랙 사바스), Small faces(스몰 페이시스), Judas priest(주다스 프리스트), Deep purple(딥 퍼플) 등이 미국 진출에 성공하였다.

이런 흐름은 70년대에까지 이어져서 아트록, 헤비메탈, 글램록, 70년대

후반의 펑크록까지 장르를 불문하고 영국밴드들의 미국 진출에 교두보를
마련해주었고 실제 우리가 흔히 아는 60~70년대 활동했던 밴드들은 영
국 출신들이 많다.

Cream 좌측부터 잭 브루스, 진저 베이커, 에릭 클랩턴

● 참고 곡

I want to hold your hand -The Beatles [1963']

Love me do -The Beatles [1964']

You really got me -The Kinks [1964']

The House of the rising sun -The Animals [1964']

(I can't get no)satisfaction -The Rolling stones [1965']

My generation -The Who [1965]

Sunshine of your love -Cream [1967']

He ain't heavy he's my brother -The Hollies [1969']

All right now -Free [1970']

Rock & roll -Led zeppelin [1972']

최초의 록 오페라 앨범 Tommy [1969]

6. 사이키델릭 록 '히피들의 반문화 반란'

혼란의 60년대: 1960년대 미국 사회는 혼란스러웠다. 그 혼란스러웠던 미국을 상징하는 단어들은 무엇이 있을까? '베트남 전쟁', '파병 반대', '히피', '흑인인권운동', '자유연애', '약물', '우드스탁', '플라워 운동'(주1), '반문화' 등이 아닐까 싶다. 당시 젊었던 히피들은 때로는 약물에 도취됐고 자유연애를 부르짖으며 기성세대에 저항했고 베트남 전쟁을 반대했다. 그들은 이전에 없던 새로운 문화를 창조하였다. 바로 이 시기에 발생된 음악이 '사이키델릭(Psychedelic)록' 음악이다.

60년대의 히피

(주1)플라워운동: 히피들이 머리 한 켠에 꽃을 꽂고 자신들의 철학을 주장했다는 데서 유래

우드스탁 페스티벌: 사이키델릭 록 씬에서 유명한 사건은 바로 1969년 뉴욕 근교 야즈거 농장에서 개최된 'Woodstock festival'이다. 당시 유명한 팝 뮤지션들이 대거 등장한 이 축제는 히피들이 히피 복장으로 물들이고 머리 한편에 꽃을 꼽고 하루 종일 다양한 록 음악을 들으며 그들만의 자유연애를 실천하며 즐기었던 축제였다.

사이키델릭 록의 특징: 이름이 의미하듯이 사이키델릭 록은 (약물 등에 의해) 환각적인 분위기가 특징이다. 긴 러닝타임(혹은 짧은), 안개에 뒤덮인 듯한 몽롱한 분위기, 지루할 정도로 반복되는 기타리프(주2), 입체적이고 우주적인 음향효과, 아방가르드(주3)한 곡 편성 등이 사이키델릭 록 음악의 특징이다.

(주2)기타리프: 짧게 반복되는 기타의 패턴(혹은 소리)

(주3)아방가르드: 혁신적인 예술경향을 말함. 이전의 전통과의 단절적인 문화적 결과물을 의미

실험정신: 사이키델릭 록은 일종의 실험적 정신이 만들어낸 결과물이라고 할 수 있는데 여기에 미국의 Byrds(버즈)와 영국의 Yardbirds(야드버즈)의 실험이 선조적이었다. 이들은 사이키델릭 록 탄생 직전에 당시 문화 주체였던 히피들의 행태를 상징할만한 음악을 실험하며 사이키델릭 록음악의 탄생을 부추겼다. (버즈의 'Eight miles high'와 야드버즈의 'For your love'와 'Shapes of things')

제퍼슨 에어플레인

대표적인 뮤지션: 사이키델릭 록은 샌프란시스코 4인방 Grateful dead(그레이트풀 데드), Jefferson airplane(제퍼슨 에어플레인), Quicksilver messenger service(퀵실버 메신저 서비스), Country joe & the fish(컨트리 조 앤 더 피쉬)에 의해 주도되었다. 60년대 후반에는 히피의 물결이 너무 거세었기 때문에 샌프란시스코 4인방은 물론이고 비틀즈, 롤링스톤스, 여타 뮤지션들도 그 흐름에 동참하지 않을 수 없었다. LA의 버즈와 러브(Love) 등도 포크 록의 입장에서 사이키델릭 록을 접목시켰고, '블루스 리바이벌'을 주도했던 지미 헨드릭스(Jimi Hendrix), 도어스(The Doors), 제니스 조플린(Janis Joplin) 역시 사이키델릭 가득한 블루스 록 음악을 선보였다. 이런 흐

름은 대서양 너머의 영국에서조차 영향을 받아 Traffic(트래픽), Pink Floyd(핑크 플로이드), The Mothers of invention(마더 오브 인벤션), Soft machine(소프트 머신), Creation(크리에이션), Tomorrow(투모로우), The Nice(나이스), Moody blues(무디 블루스), Procol harum(프로콜 하럼) 등이 동승했으며 이들 일부는 70년대 'Art rock'(Progressive rock)으로 발전했다. 이외에도 당시 활동을 했던 사이키델릭 록의 장르가 아닌 팝음악에서도 사이키델릭 록 음악의 특징은 쉽게 발견할 수 있다.

성스러운 3J (holy 3J), 좌측 상단부터 도어즈의 '짐 모리슨', '제니스 조플린', '지미 헨드릭스' 이들은 모두 27살에 요절함

● 참고 곡

Eight miles high -The Byrds [1966']

Shapes of things -The Yardbirds [1966']

White rabbit -Jefferson airplane [1967']

The "fish" cheer/I-feel-like-I'm-fixin'-to-die rag -

Country joe and the fish [1967']

Lucy in the sky with diamonds -The Beatles [1967']

Light my fire -The Doors [1967']

Purple haze -Jimi Hendrix [1967']

Pride of man -Quicksilver messenger service [1968']

Summertime -Janis Joplin [1968']

Dark star -Grateful dead [1969']

7. 소울 '흑인 인권 운동의 영혼의 목소리'

흑인음악의 슈퍼장르: R&B[리듬 앤 블루스] 만큼이나 흑인 음악을 아우르는 장르는 소울이다. 지금도 흔히 흑인 음악을 '알앤비'니 '소울'이니 말하고 있다

소울음악이 탄생한 것은 혼란의 1960년대였다. 사이키델릭 록 음악에서 언급을 했듯이 60년대는 역사적 혼란의 시대였다. 베트남 전쟁의 반대의 목소리, 히피들의 자유연애, 여성인권신장 등의 움직임은 흑인들의 인권신장에도 영향을 미치어 마틴루터킹, 말콤X를 중심으로 흑인들의 목소리가 결집되기 시작하였다. 1955년에 버스에서 좌석에 앉아 있던 로자 파크스라는 흑인여성이 백인들의 좌석양보 요청에 거부하여 체포되는 사건이 발생해 재판까지 받는 사건이 발생하였다. 이를 계기로 흑인인권운동이 촉발되어 60년대에는 두 지도자를 중심으로 활발하게 전개된 것이다. 이때 흑인들을 하나로 뭉치게 해준 구심점이 바로 소울이었다.

Soul[소울]은 이전의 흑인음악의 주 장르였던 리듬앤 블루스와 Gospel[가스펠]이 교류에서 탄생했다는 것이 정설이다. 가스펠은 흑인들이 자신들의 음악인 블루스를 찬송가에 자신들만의 스타일로 정착화시킨 음악이다. 1920~30년대 본격적으로 전미에 보급이 되면서 장르화되었다.

소울음악의 가장 큰 음악적 특징은 가스펠에서 강하게 영향을 받은 단일한 음표를 여러 개의 음으로 확장하여 부르는 멜리즈마 창법이다. 지금도 한 음을 다양한 음으로 부르는 창법은

세간에 '소울풀하다' 라고 평가되며 흑인음악의 대표적 특징으로 여기어지고 있다.

대표적인 뮤지션: 소울은 Ray Charles[레이찰스 49년 데뷔], James Brown[제임스 브라운, 58년 데뷔], Sam Cooke[샘 쿡, 57년 데뷔] 등이 선구자로 활동하였으며 60년대 중반 애틀랜틱, 모타운, 볼트 3대 레이블을 중심으로 개화했다. 각 음반사를 대표하는 뮤지션은 소울의 여왕 Aretha Franklin[아레사 프랭클린], Diana Ross[다이아나 로스], Otis Redding[오티스 레딩]과 Wilson Picket[윌슨 피켓]이다. 소울음악은 초기에 진실한 흑인들의 영혼의 목소리를 전달하였는데 60년대 말로 접어들면서 'Funky'한 스타일과 'Hip'한 스타일로 나뉘게 되고 Sly stone[슬라이스톤]과 Stevie Wonder[스티비 원더]가 그 스타일에 중심에서 활동하며 또 다른 음악적 변화기를 맞이한다.

● 참고 곡

I can't stop loving you -Ray Charles [1962]

You've really got a hold on me - Smokey Robinson [1962]

I got you [I feel good] - James Brown [1965]

Ain't no mountain high enough -Marvin gaye & Tammi Terrell [1967]

(sittin' on) The dock of the bay - Otis Redding [1968]

Amazing grace - Aretha Franklin [1972]

Superstition -Stevie wonder [1972]

소울의 절대적 지주 '아레사 프랭클린'

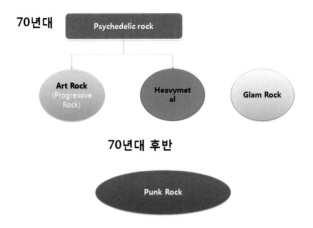

70년대

Psychedelic rock

Art Rock (Progressive Rock)

Heavymet al

Glam Rock

70년대 후반

Punk Rock

● 3부 록! 분열하다!

8. 프로그레시브 록 'Rock 드디어 Art가 되다'

1970년대 전체 록 Scene: 70년대 록음악을 거시적으로 본다
면 사이키델릭 록에서의 프로그레시브 록(Progressive rock)
과 헤비메탈(Heave metal)의 분열과 글램 록(Glam rock),
펑크 록(Punk rock) 출현일 것이다. 이 장부터 프로그레시브
록(아트 록이라고도 함, 이하 아트 록)부터 한 테마씩 살펴보
자

작가주의: 팝음악은 상업적인 음악으로 자본주의 틀 안에서
뮤지션은 음악이라는 예술을 창조해야 하고 동시에 계속 예술
을 영위하기 위해 'Selling out' 역시 염두하고 음악을 만들
어야 한다. 음반산업체계의 구조상 음반사나 제작자는 뮤지션
보다 더욱 이런 개념에 집착한다. 수익이 발생하지 않을 경우
팝음악의 생산은 차질이 불가피하기 때문이다. 이런 이유로

사실상 록 뮤지션들은 대개 음반사나 제작자의 영향력 아래에 위치해서 그 음악성에 대한 필터링을 받고 음반사, 제작자의 지시에 따라서 음악을 하는 경우 또한 상당하다.

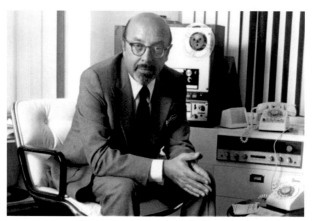

1947년 애틀랜틱 레코드를 설립한 Ahmet Ertegun
현대 레코드 산업에서 가장 중요한 사람으로 꼽힌다.

하지만 사이키델릭 록의 성공은 많은 록 뮤지션들의 예술적 자율성을 확보하게 해주었다. 더 이상 3~4분의 러닝타임과 '1절-간주-2절'로 정의되는 팝음악의 전통적인 구조가 아니더라도 상업적일 수 있다는 명분을 획득한 것이다. 록(혹은 팝)음악도 예술적으로 만들 수 있다는 데 음악적, 사회적, 정치적 무드가 형성이 되었다.

아트 록의 특징: 아트 록은 사이키델릭 록의 연장선에 있다. 사이키델릭 록의 진보적 실험을 토대로 하고 여기에 여러 가지 예술적 컨셉이 더해지고 신디사이저 등의 전자악기 등의 다양

한 악기 혹은 요소가 추가되면서 하나의 스타일로 정립된 것을 아트 록이라 한다. 록 뮤지션들은 이제 '예술을 한다'는 자부심 아래 음악을 기획하고 생산하기에 이른 것이다.

아트 록 음악들의 주요 특징을 보자.

첫째 앨범은 어떤 'Concept' 가지고 전체적인 스토리나 주제를 지닌다는 점이다. 그렇게 만들어진 컨셉 앨범의 곡들의 구성은 하나의 노래가 끝나고 바로(쉼없이) 다음 트랙으로 이어지는 경우가 많았다. 앨범이 갖는 스토리상의 연속성을 추구한다고 할 수 있다. 뮤지션들은 어떤 철학적 컨셉을 가지고 한곡, 한곡의 싱글이 아닌 앨범 수록곡의 전체로서 그들의 메시지를 팬들에게 심오하게 전달하였다.

둘째 '러닝 타임의 다양성'이나 신시사이저 등의 전자악기를 이용한 다양한 음향, 기존의 팝음악에서 보긴 어려웠던 '소리'의 대중음악에서의 적용 그리고 클래식 음악과의 퓨전 등이다.

1973년에 발표되어 15년 이상 빌보드 앨범 차트(Hot 200)에 랭크된 전설적 명반 Pink floyd의 [The Dark side of the moon]을 들어보면 바로 이런 아트 록의 정수를 맛볼 수 있다.

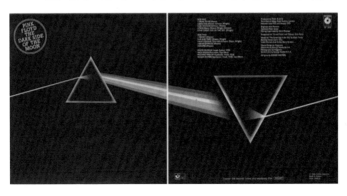

대표적인 뮤지션: 최초의 프로그레시브 록 넘버는 사이키델릭 록에서 경력을 시작했던 무디 블루스의 'Night in white satin'(67')와 프로콜 하럼의 'A Whiter shade of pale'(67')이다.

아트 록은 몇 가지 분파가 있는데 한 부류는 Yes(예스), Genesis(제네시스), King crimson(킹 크림슨), Emerson lake & palmer(에머슨 레이크 앤 파머), Mike oldfield(마이클 올드필드) 등의 정규 음악교육을 받은 뮤지션들에 의한 록과 클래식의 퓨전이다.

다른 한 부류는 사이키델릭 록에서 영향 받은 아방가르드 한 아트 록이다. 대표적으로 핑크 플로이드를 들 수 있다.

마지막으로 아트 록에 팝적인 부분을 대폭 수용하는 스타일도 있는데 Kansas(캔자스), Styx(스틱스), Boston(보스턴), Foreigner(포리너), ELO(일렉트릭 라이트 오케스트라), Supertramp(슈퍼트램프), Asia(아시아), Journey(저니), Toto(토토) 등이다. 이들은 아트 록 밴드보다는 차별적으로 대중성 지향을 목표로 하며 아트 록의 인기가 소멸한 후에도 팝차트에서 성공을 이어갔다.

흥망성쇠: 아트 록은 70년대 중, 후반 급격히 실험 정신을 소진하며 쇠퇴했다. 그래서 핑크 플로이드 등 몇몇 대형 밴드들을 제외하고는 80년대에 들어서면 거의 자취를 감추게 되었다. 하지만 아트 록의 실험정신은 독일의 Krautrock(크라우트록), 브라이언 이노가 주도한 앰비언트(Ambient)음악, 인더스트리얼

(Industrial)음악 등 다양한 전자 음악이 생성되는데 큰 영향을 미치었고 대중음악의 지평을 넓히는데 큰 공헌을 이룩하였다.

● 참고 앨범(주4)

Days of future passed -Moody blues [1967']

In the court of the crimson king -King crimson 1969']

Emerson lake & palmer (self-title) -Emerson lake & palmer [1970']

Fragile -Yes [1971']

Tubular bells -Mike oldfield [1973']

Dark side of the moon -Pink Floyd [1973']

Wish you were here -Pink Floyd [1975']

Equinox -Styx [1975]

Boston (self-title) -Boston [1976']

Eye in the sky -Alan parsons project [1982']

(주4) 아트 록의 경우 개별 곡보다는 앨범 전체를 들어볼 것을 권장함

9. 헤비메탈 '검은 가죽 자켓! 육중한 오토바이! 검은 선글라스!'

'Hard'한 사운드와 Heavy metal: 록의 대표적 음악적 특징은 '거칠고 시끄러운'(하드한)사운드이다. 록은 태생부터 그런 사운드를 가지고 있었다. 록의 시조격인 리틀 리처드의 곡들은 지금 들어도 보컬의 '샤우팅'함과 사운드의 '거침'을 감지할 수 있다.

록의 선조들에게서 영향을 받은 후예들은 팬들에게 더욱 자신을 '포지셔닝'하기 위해 더 거칠고 더 시끄러운 사운드를 보여주려 했다. 60년대 말의 활동했던 밴드들에게서 이런 사운드는 흔히 발견할 수 있는데 어떤 평론가는 "그것은 록 음악이 아니었다. 마치 중금속(Heavy metal)이 내리치는 소리 같았다"라고 평하면서 '헤비메탈'이라는 용어가 처음 생성되었다.

생성시기의 헤비메탈: 헤비메탈은 블루스 록과 사이키델릭 록의 융합으로 탄생했다는 설이 가장 설득력이 있다. 그러므로 브리티쉬 인베이젼의 일원들 크림, 롤링 스톤스, 후, 야드버즈, 레드 제플린, 프리 등과 사이키델릭 록에서 하드한 사운드를 들려준 지미 헨드릭스, Iron butterfly(아이언 버터플라이), Steppenwolf(스테픈울프), Blue cheer(블루 치어) 등은 헤비메탈의 가장 선조들에 위치한다.

70년대로 넘어가면서 영국출신의 블랙 사바스, 딥 퍼플, 주다스 프리스트, 미국은 Aerosmith(에어로스미스), Kiss(키스), Alice cooper(앨리스 쿠퍼), Mountain(마운틴), Cactus(캑터스), Mc5, Stooges(스투지스) 등이 가세하여 헤비메탈 전성기에 불을 붙이게 되고 이들은 60년대 후반부터 70년대 중반까지 제1차 헤비메탈 전성시대를 주도했다. 여기서 하나 재미있는 사실은 다른 록 음악과 차별을 두기 위해 나온 헤비메탈이라는 용어를 당시 밴드들은 혐오했다는 것이다. '우리는 헤비메탈 밴드가 아니다'라고 주장하며 '우리는 블루스 록을 하는 밴드다'라고 했을 정도로 아직 헤비메탈이 자리를 잡지 못했고 또 당시 록 음악은 블루스의 영향권에서 완전히 탈피하지 못했다. 실제로 당시 '하드하다'고 생각되는 록 음악들에서 블루스의 흔적을 많이 느낄 수 있다.

헤비메탈의 시조새, 왼쪽 상단부터 시계방향으로
'레드 제플린', '블랙 사바스', '딥 퍼플', '주다스 프리스트'

음악적 특징과 아트 록과 헤비메탈의 대결 구도: 우리나라에서는 록이라 하면 하드록이나 헤비메탈만을 생각하기 때문에 국내 팬들에게는 헤비메탈은 친숙하다. 강력한 기타(혹은 베이스기타)의 리프, 해머 드러밍, 이들에 의한 거친 사운드, 샤우팅 보컬이 그 대표적 특징이다.

재미있는 것은 같은 뿌리에서 나온 아트 록과 헤비메탈의 팬들이 대립했다는 것이다. 헤비메탈이 프롤레타리아 즉 교외의 백인, 노동계급, 10대들의 전유물이라면 아트 록은 온건한 중간계급 즉 도심 중산층 지성인들의 감상용이었다. 헤비메탈 팬들은 검은 가죽자켓, 기름 바른 헤어스타일, 육중한 오토바이 등으로 중무장하고 마초적 남성성을 앞세워 그들만의 독특한 문화를 만들어갔다.

'Rock Spirit'에서의 헤비메탈의 의미: 록음악을 '반항', '저항'으로 이해한다면 헤비메탈은 록의 적자이다. 반면 록음악을 '대안(Alternative)의 추구'로 이해했다면 헤비메탈은 서자이다. 아트 록이 70년대 중, 후반 쇠퇴한 반면 헤비메탈은 팬들의 열화와 같은 성원에 힘입어 록의 주류로 급부상하였고 양적, 질적으로 팽창하여 80년대 이후에는 전 세계적으로 보급되기에 이른다. 하나 아쉬운 것은 헤비메탈이 독립 장르화 되면서 록 음악에 남아 있던 흑인 음악의 요소가 갈수록 작아졌다는 점이다. 노예로 끌려온 구슬픈 흑인들의 저항 가요 즉 블루스부터 출발해 로큰롤과 사이키델릭 록을 경유해 헤비메탈이 탄생하였지만 흑인 요소가 적어지고 남성 마초화가 갈수록 심화되면서 남성 쇼비니즘을 극대화시켰다는 비난도 피할 수 없게 되었다.

- 참고 곡

  Paint it black -The Rolling stones [1966']

  Crossroads -Cream [1968']

  Born to be wild -Steppenwolf [1968]

  Whole lotta love -Led zeppelin [1969']

  Paranoid -Black Sabbath [1970']

  Smoke on the water -Deep purple [1973']

  Highway star -Deep purple [1973']

  Walk this way -Aerosmith [1975']

  I was made for lovin' you -Kiss [1979']

  Living after midnight -Judas priest [1980']

10. 글램 록 '글래머러스한 중성적 도발'

Glam Rock: '글램 록'은 'Glamorous'의 단어에서 따온 말이다. '화려한', '현란한'의 뜻으로 글램 록은 흔히 말하는 '비주얼'을 중시하는 장르이다. 즉 뮤지션의 의상, 메이크업, 헤어스타일 등이 대단히 화려하게 연출되는 특징을 가진다.

탄생 배경: 1970년대로 들어서면서 록 음악은 더 상업적이고 화려하게 변해갔다. 그럼에도 록 음악의 이데올로기는 유지되고 있었는데 글램 록은 바로 이런 록 음악의 이중성 즉 세상에 대한 저항성, 기존 제도권에 대한 반항을 가지고 있으면서 상업적이고 '비즈니스 쇼'화 되어가는 록 이념과 실재에 대한 비판에서 출발했다.

글램록의 탄생은 71년 2월 [Top of the pops]에 출연한 T. rex의 리더 Marc bolan이 과하게 메이크업을 하고 무대에 올랐던 때이다. 글램 록은 60년대 히피가 꿈꾼 유토피아가 더 이상 유효하지 않다는 것을 역설하며 새로운 문화창조를 시도하였다.

티렉스의 마크 볼란과 데이빗 보위

주요 특징 & David Bowie: 글램 록에 속한 뮤지션들은 당시 아트 록, 헤비메탈의 전문가적 연주 테크닉과는 달리 시각적인 효과에 더욱 신경을 썼다. 음악 자체는 50년대 로큰롤 분위기를 연상시키었다. 당시 록 밴드들이 상업적인 전자음악을 쓰는 것을 록 이념에 반한다고 생각해 지양한 반면 글램 록 뮤지션들은 전자악기 사용에 적극적이었다. 그들의 시각적 효과 때문이었는지 주요 청중들은 교외의 10대 소년, 소녀들이었다.

무엇보다 글램 록을 의미심장한 장르로 탈바꿈시킨 것은 '데이빗 보위'라는 인물이다. 어릴 때 친구에게서 날카로운 침으로 한쪽 눈을 찔려 양 눈의 색깔이 다른 이색적 분위기의 꽃미남 데이빗 보위는 머리부터 발끝까지 휘황찬란하게 치장한 후 앨범을 발표하고 활동 당시 본인이 '외계인'이라고 마케팅했다. 그는 '진정한 록'이 얼마나 가식적인 것인지 그의 인공적인 행동을 빗대어 보여 주었다. 즉 인공적인 '쇼'를 전개하여 록의 진정성을 우회적으로 비판하였다. 반면 록 순수파들은 시각적 이미지에 신경 쓰는 글램 록을 비난했다. 하지만 글램록은 70년대로 들어서면서 더욱 심화된 록의 상업화에 대한 유일한 성찰이고 이것이 글램 록의 진정한 의미가 아닐까 싶다.

대표적인 뮤지션: 글램 록의 대표 뮤지션으로는 앞서 티렉스에 이어서 Gary glitter(게리 글리터), The sweet(스위트), Wizard(위저드), Slade(슬레이드) 등과 데이빗 보위, 그리고 (뒤의 '펑크 록'편에서 자세히 볼) '언더계의 비틀즈'인 Velvet underground 출신의 Lou reed(루 리드), 아트 록 출신 밴드

Roxy music(록시 뮤직) 등이다. 데이빗 보위와 루 리드는 글
램 록의 상징으로 둘은 록 음악의 남성중심주의에 반기를 들어
다소 과하게 보일 수도 있는 메이크업을 통해 양성적인 이미지
를 선보임으로써 그에 대한 비판적 시각을 견지했다.(루 리드의
명반 [Transformer]72'는 데이빗 보위가 프로듀싱함)

**역사상 가장 큰 규모의 공연인 Live Aid 에서 역동적인 무대 매너를 과
시하는 퀸의 보컬 Freddie Mercury와 엘튼 존의 초기 모습**

Elton John 과 QUEEN: 엘튼 존과 퀸도 활동 초기에 글램 성향이 가
득한 모습으로 출발했다. 엘튼 존은 다양한 컬러풀한 색안경을 끼고 각
종 줄무늬 의상을 착용하고 '하드한 Piano rock'을 선보였다. 퀸 역시
활동 초기에 외모에 상당히 신경을 쓰며 록 음악계에 화려하게 등장했
다. 퀸은 비틀즈에 버금갈 정도의 유려한 멜로디 라인이 가득한 노래들
로 팬들을 사로잡았다. 무엇보다 프레디 머큐리의 개성 강한 음색과 넓
은 음역 그리고 무대에서의 파워 넘치는 신들린 듯한 쇼맨쉽은 70년대
는 영, 미는 물론 80년대에는 인기가 전세계로 확대되어 글로벌 밴드의

위엄을 보여 주었다. 2018년 겨울 전세계적으로 열풍이 불었던 프레디 머큐리의 생애를 다룬 영화 '보헤미안 랩소디'의 인기가 그들의 음악이 얼마나 시대를 초월하여 팝의 고전으로 남았는지를 증명해준다고 할 수 있을 것이다.

- ● **참고 곡**

  Bang a gong -T.rex [1971']

  Space oddity -David bowie [1969']

  Perfect day -Lou reed [1972']

  Do you wanna touch me? -Gary glitter [1973']

  Cum on feel the noise -Slade [1973']

  Fox on the run -The Sweet [1975']

  Love is the drug -Roxy music [1975']

  Bohemian rhapsody -Queen [1976]

  Heroes -David bowie [1977']

  Dark entries -Bauhaus [1980']

11. 펑크 록 '다 꺼져!!~~'

Punk의 의미와 기원: 흔히 우리나라에서 '록밴드'를 한다고 하면 하드록, 헤비메탈, 펑크 록을 구분 짓지 않는다. 청중들도 이 음악이 메탈인지 펑크인지 명확히 알고 듣는 경우는 드물다. 그냥 '하드하다', '거칠다', '시끄럽다'라는 것으로 뭉뚱그려 생각한다. 하지만 펑크 록과 헤비메탈은 같지 않고 정치적으로도 대립되는 음악이다.

'Punk'라는 말은 '불량한 사람', '불량한 (청)소년'을 지칭하는 말이다. 사회적으로 '불량하다'라는 말은 대부분의 사람들이 하는 행동과는 (부정적으로)다른 행동을 보일 때 가리키는 말이다. 어느 사회나 주류 문화에 소외되어 있는 문화는 존재한다. 펑크 록 음악의 기원도 그 단어의 어원처럼 주류 문화에 소외되어 있는 이들의 음악이다.

록 평단에서는 1960년대 (히피)의 '반문화'에 소외되어 있는 이들의 음악이 펑크 록의 기원이라고 본다. 미국의 대도시의 변두리에서 그런 소외되는 이들의 음악이 번성했다고 하는데 이들은 주로 창고(Garage)에서 '비상업적'인 음악을 했다고 해서 'Garage band'라고도 한다. 대표적으로는 Shadow for night(섀도우 포 나잇), ? The mysterians(?미스테리안스), Paul revere & the raiders(폴 리비어 앤 더 레이더스), Kingsmen(킹스맨) 등이 있다. 이 밴드들은 비교적 알려진 '거라지 밴드'로 이례적으로 팝 차트에서 성공을 거두기도 했다.

Velvet underground: 여기 저기 난립했던 펑크 록이 일관성을 보인 것은 뉴욕이었다. 60년대 중반 '벨벳 언더그라운드'라는 밴드는 그 중심에 있었다. 앞서 글램 록에서도 만났던 이 밴드의 리더 루 리드는 히피의 '플라워 운동'의 광풍이 거세게 불 때도 히피의 이상주의를 반대했다. 즉 당시의 주류문화를 비판했던 것이다. 이런 그의 이념은 앞서 본 바와 같이 70년대 글램 록을 창안하면서 히피의 유토피아를 꼬집었다. '언더그라운드계의 비틀즈'라는 평을 듣는 벨벳 언더그라운드는 펑크 록의 시조라고 보기에는 후대에 지대한 영향을 많이 미치었다. 60년대 후반 야생적인 록 음악과 사이키델릭 록이 자유연애, 사랑과 평화를 낭만적으로 묘사하던 반면 벨벳 언더그라운드는 소외, 고통, 좌절 등을 표현했다는 점에서 펑크 록의 시조라고 할만 하다.

벨벳 언더그라운드의 기념비적 앨범 [Velvet underground & nico]67'과 루 리드, 본 앨범자켓은 팝아트의 거장 '앤디 워홀'이 작품하였다.

뉴욕 펑크: 70년대로 넘어오면서 'The new York dolls'(뉴욕 돌스), 'Patti smith'(패티 스미스), 'Television'(텔레비전), 'Ramones'(라몬스) 등이 언더그라운드 클럽을 중심으로 활동하면서 펑크 록은 그 일관된 생명력을 이어갔다. 하지만 이때까지만 해도 펑크 록은 하나의 국지적인 작은 흐름이었는지 모른다. 하지만 시대의 책략가였던 뉴욕 돌스의 매니저였던 Malcolm mclaren(말컴 맥라렌)이 런던으로 출국하면서 펑크 록의 운명은 바뀌었다.

70년대의 영국사회: 영국경제는 2차대전 이후 계속되는 경제침체를 겪었다. 그런 상황에서 1차(73년), 2차(78년) 전세계적 '오일쇼크'의 악재까지 만나면서 영국경제는 높은 인플레와 극심한 저성장으로 경제문제가 곪을 데로 곪았다. 급기야 76년 IMF구제금융을 신청하는 신세까지 추락하게 된다. 젊은이들은 "우리는 창부다"(일을 하고 싶지만 일자리가 없기 때문에 그냥 몸을 던지는 일을 하겠다 라고 하는 정치적인 문구)라는 티셔츠를 입고 일자리에 목말라하며 시위했으며 이런 사회 분위기는 대중음악에까지 전달되었다.

런던 펑크: 펑크 폭발의 원년은 76년이다. 런던에 몰아 닥친 펑크 폭풍은 그야말로 범사회적인 현상이었다. 그 폭풍을 주도했던 밴드 'Sex pistols'(섹스 피스톨스)는 단순하고 노이즈하며 아마추어적인 사운드를 쏘아 대면서 당시 좌절했던 프롤레타리아 청년들을 거리에 집결시키었다. 이들은 당시 자신들의 울분을 토로하며 그것들을 야기했던 제도권에 들어가는 것이면 무엇이든지 시비 걸었다. 종교, 방송국, 정치세력, 자본주의, 기존 록 스타, 기성세대, 가족제도 등 모든 것이 그들에게는 분노의 대상이었다. (Sex pistols의 명곡 Anarchy in the U.K.의 제목을

상기할 것)

60년대의 히피문화가 히피 'Look'을, 헤비메탈이 가죽점퍼 등의 본인만의 'Look'을 만들어내었듯이 펑크 족들도 마찬가지였다. 여기저기 찢어진 의상, 오색칠색 물들인 머리, 닭벼슬 혹은 쥐가 파먹은 듯한 헤어스타일, 쇠사슬 같은 중금속으로 온 몸을 휘감은 패션 등은 '허무주의적' 펑크 'Look'을 대표한다.

펑크룩 (Punk Look)과 패션계에 펑크룩 센세이션을 일으킨 '비비안 웨스트우드'

당시에는 기존에 60년대부터 활동했던 뮤지션들이 어느 정도 나이든 상황에서 펑크 록이라는 신진세력의 조롱의 대상으로 전락해 이 양당 간에 대결구도도 첨예했다.

글램 록이 록 저항에 대한 가식성이나 히피의 유토피아를 교묘하게 자신들의 활동으로 우회적 비판한 반면 펑크 록은 대놓고 난도질을 한 셈이다. 펑크 록 뮤지션들은 명시적으로 이런 선배 록 뮤지션들에게 'XXXX you'를 날리며 자신들의 정체성을 알리었다. 펑크 록의 대표적인 뮤지션은 섹스 피스톨스, The Clash(클래쉬), The Damned(뎀드), Sham

69(샘69), Gang of four(갱 오브 포), The Buzzcocks(버즈콕스), The Jam(잼), The Pop group(팝그룹) 등이다.

펑크록을 대표하는 '섹스 피스톨스'와 '클래쉬'

펑크 록의 한계와 의미: 책략가 말컴 맥라렌은 섹스 피스톨스의 매니저였다. 그는 뉴욕에서의 경험을 토대로 교묘한 술책으로 펑크 록을 선동했다. 당시의 어려운 사회상을 이용해 기존 록의 'Selling out'을 비난하면서 동시에 그것을 패러디하며 마케팅했다. 방송국, 매스미디어 등을 비난했지만 그것을 활용하면서 많은 젊은이들에게 공감을 얻었다. 즉 자본주의의 속한 모든 것들을 비판하였지만 그 틀 안에서 그것을 하나 하나 활용하며 '펑크'라는 스타일을 정착시킨 것이다. 지금도 우리가 생각하는 펑크 록 음악이나 'Punk Look'은 이때 고정된 이미지이다.

펑크 록은 80년대로 들어서면서 '경제호황'과 80년대 개막한 '팝의 시대'의 소용돌이 속에 그 동력을 상실하며 사라졌다. 하지만 그 기원부터 펑크 록이 가지는 참의미는 첫째 많은 기교를 필요로 하는 하드록, 헤비메탈과 펑크록도 비슷하게 '거칠게' 들릴지는 모르지만 이와는 달리 단순한 '3코드'로 아마추어도 록 음악을 연주할 수 있다는 것 그리고 대형 레코드회사나 비즈니스적인 유통채널을 갖지 않고도 음악을 할 수 있다는 것을 보여 주었다. 즉 'Do it yourself' 정신(DIY)을 창조한 것이다. 둘째 록 음악이 상업화되면서 '돈의 맛'에 '변절'될 수 있는 'Rock spirit'을 펑크 록은 비교적 순수하게 간직하고 있다는 점이다.

● 참고 곡

Louie louie -Kingsmen [1963']

Sunday morning -Velvet underground [1966']

White light/white heat -Velvet underground [1968']

Anarchy in the u.k. -Sex pistols [1976']

Marquee moon -Television [1977']

Lust for life -Iggy pop [1977']

Damned damned damned -The Damned [1977']

So you want to be(a rock n roll star) -Patti smith [1979']

London calling -The Clash [1979']

Do you remember rock n roll radio? -Ramones [1980']

● 흥미로운 경영전략 'STP전략과 4P전략'

STP전략과 4P전략: STP전략과 4P전략은 경영학 마케팅의 기본 개념이라고 할 수 있다. CEO나 리더들은 신사업을 추진할 때 SWOP분석으로 자신들을 진단한 후 구체적으로 STP전략과 4P전략을 기획함으로써 더욱 세밀하게 시장 공략을 해야 할 것이다.

Segmentation[시장세분화]: 일정 기준에 따라 욕구가 동질한 몇 개의 소비자 집단으로 나누는 활동으로 그 중 기업의 신사업 아이템에 맞는 집단을 선택하여 기업의 자원을 집중하는 것을 말한다.

Targeting[표적화]: 시장을 세분화한 후 기업이 마케팅 활동을 수행할 표적시장을 구체적으로 선정하는 것을 말한다.

Positioning[브랜드이미지정립]: 기업의 브랜드의 고유한 가치를 소비자에게 정립 혹은 인식시키는 활동이다. 현대 기업경쟁체제에서는 가장 중요한 활동으로 평가받고 있다.

4P[Product, Price, Place, Promotion]: 흔히 마케팅믹스라고 일컬어지는 4P는 STP전략을 기반으로 소비자에게 본격적인 판매가 원활하게 진행될 수 있도록 제품[디자인, 품질, 기능, 포장, 서비스, 보증 등], 가격[어떤 가격 설정으로 소비자 구매스트레스를 덜 줄 것인가], 유통[판매지역선정, 매장의 물건의 진열방법&위치선정, 시장의 범위, 소비자의 동선 파악, 최적의 물류 시스템 구축, 판매 가능한 온라인&오프 채널 구축], 판매촉진[광고방법은 어떻게 할

것인가? 판촉활동의 다양한 방법 중 어떤 방법을 택할 것인가?]을 적절하게 균형잡히게 시스템적으로 구축하는 것을 말한다.

펑크록에서 읽는 STP&4P 전략: 펑크록 뮤지션들은 경영학에서 기본으로 전제되는 STP전략과 4P전략에 밝았던 것 같다. 이들은 록 뮤지션들이 나이 들어가면서 공룡산업화되고 비대한 쇼비즈니스화 되어 가며 음악 자체에 있어서도 초기 로큰롤과는 달리 화려해 지는 것과 차별화하여 단순한 3코드의 혁신적 음악 아이템의 새로운 시장을 세분화하여 펑크록을 들이 밀었고 허무주의 저항적인 가사와 이미지로 타겟 고객층을 당시 IMF로 힘들어하는 젊은이들로 삼았다 [펑크록의 시장세분화와 타겟팅]

이들은 행동방식도 기존의 록 뮤지션과는 달랐다. 패션 디자이너 비비안 웨스트우드와 전략적 제휴를 통하여 'PUNK LOOK'에 기반한 반문화를 탄생시킴으로서 팝음악계에 포지셔닝하였다.[펑크록의 포지셔닝] 이때 만들어진 펑크록의 포지셔닝은 너무나도 명확하고 확실하여 지금도 우리에게 펑크록은 생날톱으로 긁는 듯한 기타 선율, 빠른 음악 템포, 단순한 리듬, 닭 벼슬 헤어스타일, 무지개 색깔의 다채로운 머리색, 무대에서 거친 행동, 저항성과 일탈적인 가사, 무대 외에서의 반사회적인 행동이다.

4P 측면에서도 이들은 탁월하였다. 경영학의 기본이 무얼까? 바로 한정된 자원으로 최대의 효율을 내는 것이 아닐까? 이들의 당시 거대한 자본과 거미줄 유통망을 확보한 대형 음반사에 도움을 보지 않고도 보란 듯이 시장에 성공 아니 당시의 혁명과도 같이 팝음악

사에 획을 그었다. 대형음반사는 앨범이 나오기 이전에 철저하게 4P전략을 세운다. 음반을 퀼리티를 높이기 위하여 수개월 이상 녹음을 하고 [Product] 적정한 가격책정이 이루어지며 [Price] 유통망 또한 확보하여 음반 출시 후 다양한 채널을 통하여 판촉을 이뤄지며 음반을 팔아 치운다 [Place, Promotion]

하지만 펑크록 뮤지션들은 자신들만의 차별화 전략으로 기존의 4P 전략을 무색하게 할 정도로 팝음악계에 센세이션을 일으키었다. 스스로 창고 같은 녹음실에서 녹음이 이루어졌으며 음반가격 또한 당시 IMF로 어려웠던 젊은이들 수준에 맞게 헐 값의 1~2곡의 싱글을 주로 내었다. 유통과 판촉 역시 이들의 포지셔닝의 의한 차별화에 결과물로 입소문에 의하여 날개 돋친 듯 팔려 나갔다.

현재 일선의 CEO나 리더들이 펑크록의 사례에서 배울 점은 현대 기업경쟁체제에서 무엇보다 중요한 것이 포지셔닝이라는 점이다. 포지셔닝이 잘 되어 있는 기업은 빠르게 시장에서 성장할 수 있으며 브랜드 확장성도 좋아서 다양한 사업 아이템을 소비자들에게 선보이고 더 큰 이윤을 받을 확률이 높다.

최근에 마케팅의 트렌드는 뉴로마케팅이다. 뉴로마케팅의 근간은 소비자들의 구매행위는 이성적인 것에서 나오는 것이 아니라 감정의 상태, 무의식, 브랜드에 대한 이미지 혹은 인식에 의해서 나오는 것을 전제로 하고 있다. 성공의 관건은 브랜드에 대한 이미지나 인식 즉 기업의 브랜드가 얼마나 잘 포지셔닝이 되어 있어서 소비자들의 뇌리 속에 깊숙이 박혀 있느냐 일 것이다.

12. Funk '영혼의 목소리'에서 '타락의 음악'으로?

소울의 쇠퇴: 앞서 소울이 60년대 후반으로 접어 들면서 'Funky' 한 스타일과 'Hip'한 스타일로 양분된다고 하였다. 모든 것이 흥하면 분열한다고 했던가? 60년대 흑인문화를 주도하였던 소울이 분열한 것이다. 소울음악에서 '영혼이 목소리'는 퇴색하고 점차 쾌락적이고 상업적인 음악적 특징이 새롭게 만들어지고 있었다.

'Hard'한 흑인음악: R&B와 Soul에서 느껴지는 흑인 특유의 그루브를 기본 바탕으로 하드한 흑인음악이 60년대 말, 70년대까지 흑인음악의 주류를 형성하게 되는데 바로 Funk이다.

대중음악에서 '펑키'[Funky]하다 라는 말은 '흥겹다'라는 말로 Funky는 흑인 특유의 그루브를 상징한다. 헤비메탈이 흑인의 뱃속에서 나온 로큰롤을 흑인의 감정과 문화를 억제하고 백인들만의 전유물로 만드는 과정에서 나온 음악이라면 Funk는 바로 흑인들만의 하드한 사운드가 된다고 말할 수 있을 것이다. R&B, 소울과는 차별적인 하드한 사운드, 다소 끈적끈적한 음악적 특징, 백인음악에서는 느껴지지 않는 그루브는 Funk 만이 가지고 있는 경쾌한 특징이라고 할 수 있다.

독특한 funk 문화: Funk는 빅밴드 구성이 많은데 이들은 기존의 백인 중심의 Rock 밴드 문화에서는 볼 수 없었던 문화를 창조하였다. 라이브 공연에서 '휘슬', '대화소리', '나레이션' 같은 비음악적 사운드를 통하여 흑인거리에서나 볼 수 있는 광경을 연출하기도 하였다. 이 같은 실험적인 진보는 70년대 후반 언더그라운드에서 신

진 젊은이들 사이에서 태동하기 시작하는 Rap음악의 모티브를 제
공하기도 했다는 점에서 훌륭한 진보라고 할 수 있다. 그래서 전설
적인 힙합 뮤지션들은 Funk뮤지션들에게서 직접적인 영향을 받았
다고 시인하기도 한다.

대표적인 뮤지션: '소울의 아버지' 제임스 브라운 역시 Funk에서는
빼놓을 수 없고 Sly Stone and The Family Stone[슬라이스톤 앤
더 패밀리 스톤], George Clinton[조지클린턴, Parliament와
Funkadelic를 이끔], Tower of Power[타워 오브 파워], KC and
The Sunshine Band[케이시 앤더 선샤인 밴드], Ohio Players[오
하이오 플레이어스], Earth Wind & Fire[어스 윈드 앤 파이어],
Commodores[코모도스], Kool and The Gang[쿨 앤더 갱] 등이
70년대를 수놓은 funk 뮤지션들이라 할 수 있다.

소울의 아버지 '제임스 브라운'

● 참고 곡

Dance to the music -Sly Stone and The Family Stone [1968]

Get up (I feel like a being a) sex machine -James Brown [1970]

Super stupid -Funkadelic [1971]

Higher ground -stevie wonder [1973]

That's the way (I like it) -KC and The Sunshine Band [1975]

Give up the funk -The Parliaments [1976]

September -Earth Wind & Fire [1978]

보론: Disco[디스코]

탄생: 70년대 초 언더그라운드 디스코텍에서 탄생했다는 설이 유력하다. 당시 디스코텍은 미리 DJ들에 의하여 미리 레코딩된 음악을 틀어 놓고 춤을 추는 장소였다. 즉 디스코는 디스코텍에서 틀어 주는 음악이라는 의미로 음악적으로는 Funk 음악의 Dance 버전이라고 할 수 있다.

특징: Funk가 하드하고 사이키델릭하고 흑인 특유 그루브가 강조된 반면 디스코는 좀 더 대중적이고 댄스플로어에 적합하며 반복되는 멜로디라인이 명확한 특징을 가지고 있다.

대박: 언더에서 꿈틀대는 디스코를 전세계적인 유행의 불을 지핀 것은 바로 영화 '토요일 밤의 열기' OST이다. 이 영화 한편으로 디스코는 70년대 후반 모든 장르를 제패하였다. 이 OST는 아직도 단기간에 가장 많이 팔린 영화음악으로 기록되고 있다.

영향: 디스코는 80년대를 들어서면서 사라지고 만다. 하지만 팝음악에 있어서 큰 족적을 남기었다. 유럽으로 수출되면서 유로댄스음악에 지대한 공헌을 했고 아트록의 후예들인 독일의 크라우트록, 앰비언트 음악, 인더스트리얼 음악 등과 함께 Techno[테크노]음악, House[하우스]음악, EDM음악 태동에 큰 영향을 주었다. 또 팝의 시대인 1980년대 음악의 큰 축이었던 New Wave[뉴웨이브], Synth Pop[신스팝]에서 직, 간접 영향을 주었다.

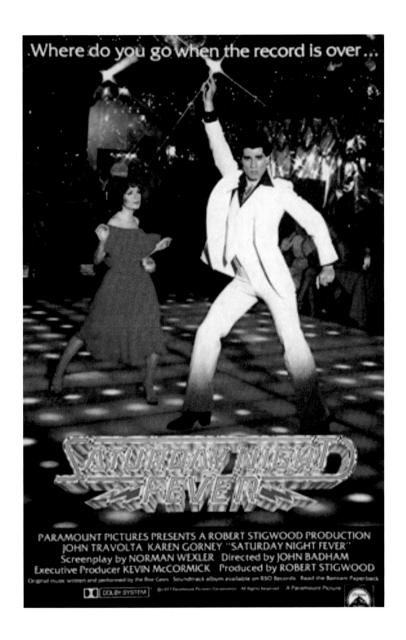

● 4부 80년대 거대한 New Wave~

13. 팝의 시대 '듣는 음악에서 보는 음악으로~'

80년대의 경제호황과 MTV개국: 정치적인 동서 냉전과 오일쇼크로 점철되는 70년대와는 달리 80년대는 미국의 레이건, 영국의 대처의 보수시대와 86~88년까지의 3저호황(저금리, 저유가, 환율약세)의 호재 그리고 공산권국가들이 차례로 붕괴되고 소련이 개방정책을 실행하면서 냉전이 완화가 되어 세계 소비시장의 대폭 확대됨에 따라 세계 경제는 유례없는 황금기를 맞이했다.

80년대 전세계 경제호황을 이끌었던 도널드 레이건과 마가릿 대처

팝음악사에서도 획을 그은 사건이 있었으니 바로 1981년 8월1일 MTV개국이다. 이제 팝음악 팬들은 하루 종일 음악을 들으며 자신이 좋아하는 팝가수와 데이트할 수 있게 된 것이다. 이전에 주로 공연이나 음반으로 팬들이 록스타, 팝스타를 만났던 것에서 획기적으로 진보한 것이다. MTV 개국으로 음반산업은 '보는 음악에서 듣는 음악'으로 한 단계 업그레이드되었고 음반시장 역시 대폭 확대되었다.

팝의 시대: 70년대 후반 팝계를 강타했던 펑크 록과 '디스코 열풍'이 수그러들고 경제호황의 사회적인 배경 그리고 MTV개국에 힘입어 팝계는 그 어느 때보다 멜로디라인이 강한 팝음악이 강세를 보였다. 70년대 아트 록, 전자음악에서 쓰이던 신시사이저가 대중화되면서 팝음악의 저변이 확대되어 듣기 좋고 단순히 즐기기 좋은 팝음악이 대량으로 쏟아져 나왔고 팬들은 이 새로운 'New Wave'의 거센 파도에 열광했다.

80년대 뉴웨이브와 팝스타들은 글램록에서 (진지함을 떨쳐 버리고) 영향 받은 '비주얼 마케팅'으로 MTV 전면에 나서며 팬들의 지갑을 공략했다. 차후에 살펴보겠지만 80년대는 록 뮤지션들조차도 이런 팝의 흐름에 동참하지 않을 수 없게 되어서 록 음악의 분열을 초래하였다. 60년대 이래 록이 주도한 흐름이 팝으로 전환된 것은 록이 가지고 있는 특유의 이데올로기에 대한 피로가 생긴 것으로 볼 수 있다. 팬들은 히피의 사이키델릭 록부터 글램 록, 헤비메탈, 펑크 록까지 록 음악이 가지고 있는 이념에 대해 유토피아적인 감성을 가지고 음악을 들었다.

하지만 그것이 단순히 환상에 지나지 않았다는 것이 펑크 록을 거치며 극명하게 현실로 나타나자 팬들은 단순히 듣기 좋은 즐기기에 안성맞춤인 팝음악을 선택한 것이다.

대표적인 뮤지션: 80년대 팝의 시대를 이끈 건 바로 'Michael jackson'이다. MTV 초기에는 주로 백인 뮤지션 위주의 편성이었는데 CBS의 강력한 로비로 마이클 잭슨이 우연하게 MTV를 탄 것은 유명한 일화다. 마이클 잭슨은 MTV의 최대 수혜자이자 음악을 '듣는 음악에서 보는 음악'으로 바꾸는데 일등공신이었다. 팝의 황금기를 이끈 장본인이라고 할만하다.

Quincy jones(퀸시 존스)가 프로듀싱한 82년 앨범 [Thriller]는 당시 천문학적인 판매고를 올리면서 빌보드 앨범, 싱글 차트를 쑥대밭으로 만들었다. (현재까지도 전세계에서 가장 많이 팔린 앨범임)

마이클 잭슨의 문제작?! 82년 [Thriller]

마이클 잭슨을 필두로 Madonna(마돈나), Wham(왬), Police (폴리스), Cydni Lauper(신디 로퍼), Prince(프린스), Whitney Houston(휘트니 휴스턴), Lionel Richie(라이오넬 리치), Bruce springsteen(브루스 스프링스틴), A-ha(아하), Pet shop boys(펫샵 보이스), Culture club(컬처 클럽), Duran duran(듀란 듀란), Dire straits(다이어 스트레이츠), Bryan adams(브라이언 아담스), Sade(사데), U2(유투), Paul young(폴 영), Hall & oates(홀 앤 오츠), Georhe Michael (조지 마이클), 등이 국내에서 친숙한 당시를 수놓았던 뮤지션 들이다. 80년대에는 이전에 활동했던 많은 선배 뮤지션들도 음악적 노선을 팝적인 성향으로 변경해 활동하며 팝차트에서 살아 남았다.

좌측 상단 시계방향으로 왬, 프린스, 마돈나

- 참고 곡

  Billie jean -Michael Jackson [1982']

  Beat it -Michael Jackson [1982']

  Girls just want to have fun -Cyndi Lauper [1983']

  Every breath you take -The Police [1983']

  Wake me up before you go go -Wham [1984']

  Material girl -Madonna [1985']

  Walk of life -Dire straits [1985']

  Take on me -A-ha [1985']

  Greatest love of all -Whitney Houston [1986']

  Kiss -Prince [1986']

14. 80년대 록 '헤비메탈의 분열'

헤비메탈의 글로벌화: 헤비메탈 편에서 말한 바와 같이 70년대 헤비메탈은 전성기를 구가했다. 거칠고 강렬한 기타 리프와 고막을 터뜨릴 듯한 드러밍에 팬들은 세상에 대한 '한'과 일상에 대한 스트레스를 마음껏 풀었다. 이런 광적인 성공으로 70년대 후반 헤비메탈은 전세계적으로 수출되었다. Scorpions(독일), Ac/dc(호주)가 주도하며 각국으로 공급되어 그 나라의 문화와 결합에 '새로운 메탈'로 재탄생해 독특한 문화와 수많은 추종자를 만들어냈다.

Made in Germany 하드록 '스콜피언스'

록의 분열 'Pop metal': 80년대 팝의 뉴웨이브의 거센 맹공에 '록 왕국'도 영향을 받았다. 록 내부에서 분열이 발생한 것이다. 일부 밴드들이 록 이념에 반기를 들고 MTV에 출연하기 위해 화려하게 헤어스타일을 꾸미고 현란한 의상으로 단장 후 팬들 앞에서 팝록, 팝발라드를 불렀다. 이들은 듣기 정갈한 록 을 부르며 팬들에게 상업적이고 화려한 볼거리를 선사해주었다. 이들은 더 이상 헤비메탈 밴드가 아닌 PopMetal로 불리었다. 대표적으로 Bon jovi(본 조비), Def leppard(데프 레퍼드), Poison(포이즌), Skid row(스키드 로), Motley crue(머틀리 크루), Ratt(래트), Cinderella(신데렐라) 등이 이때 혜성같이 등장하며 활발히 활동한 밴드들이다.

록의 분열 'Thrash metal': 70년대 후반 영국에서 펑크 록에 영향을 받은 '브리티쉬 뉴웨이브 헤비메탈'(NWOBHM)이라는 흐름이 있었다. Motorhead(모터헤드), Iron maiden(아이언 메이든), venom(베놈) 등이 주도를 하였는데 이들의 공연에서 '속도감 있는 리듬'을 보고 영감을 얻은 라스 울리히(Lars ulrich)는 샌프란시스코로 넘어가 Metallica를 조직했다.

팝 메탈 밴드에 반해 메탈리카를 선봉으로 한 메탈(혹은 록)원리주의자들은 더욱 강력한 사운드와 비타협 정신으로 일관했다. '신보수주의'에서 소외된 계급 즉 빈곤층, 하위계층, 소외계층, 프롤레타리아, 10대 청소년 등의 피를 대변하며 그들의 삶에 다시 한번 '환상'을 불어 넣었다. 음악적으로 'NWOBHM'에서 영향 받은 엄청난 빠른 연주와 펑크의 'Thrash기타리프', 고막을 압박하는 드러밍과 고함지르는 듯한 샤우팅 보컬을 앞세워 Thrash(speed)Metal '파벌'을 창조했다. 메탈리카, Megadeth(메가데스), Anthrax(앤스렉스), Slayer(슬레이어), Sepulture(세풀투라), Helloween(헬로윈), Pantera(판테라), Yngwei malmsteen(잉베이 맘스틴)등이 대표적인 뮤지션이다.

팝메탈과 스래쉬메탈 각 진영을 대표하는 '본 조비'와 '메탈리카'

헤비메탈의 폐쇄성: 록, 메탈의 글로벌화와 헤비메탈의 특유의 폐쇄성이 결합해 헤비메탈은 '악명높은?' 하위장르를 양산해내었다. 데스메탈, 블랙메탈, 인터스트리얼 메탈, 둠메탈, 고딕메탈 등 지역별로 다양한 문화와 결합해 골수화되는 경향을 보이고 있다. 이런 경향들은 80년대의 록, 메탈의 분열기에 얻은 헤비메탈 특유의 비타협 정신이 만들어낸 헤비메탈(혹은 록) 특유의 이데올로기라고 할만하다.

헤비메탈의 공연문화: 음악학자나, 평론가들에 의하면 음악은 귀로 들어가 인간의 본성을 직접적으로 타격한다고 한다. 눈으로 접하는 책, 영상 등은 인간의 이성으로 한번 필터링을 하지만 귀로 듣는 소리는 다르다는 것이다. 그래서일까? 헤비메탈의 특유의 흥분을 유발하는 거친 사운드는 '발작적' 공연 문화를 만들어내었다.

'Head banging'은 록, 메탈 음악에 맞추어서 머리를 과격하게 앞뒤좌우로 흔드는 행위를 말한다. 해드뱅잉은 헤비메탈 생성기 즉 60년대 후반~70년대 초에 처음 발견이 된다. 레드 제플린이나 블랙 사바스의 공연에서 팬들은 이들의 혈기 왕성한 록 사운드와 퍼포먼스에 심취해 가만히 있을 수 없었던 것 같다.

Moshing과 Slam dancing은 헤드뱅잉보다 더욱 과격한 양상을 띤다. 이 행위는 청중들이 서로 혹은 어떤 물체에 아무런 의미 없이 강하게 몸을 부딪치거나 청중 위로 뮤지션이나 청중이 뛰어 들어 마치 어떤 물건을 운반하듯 이리저리 머리 위에서 '움직이는' 행위이다.

모싱과 슬램은 펑크 록을 거치며 80년대 초반에 언더그라운드에서 처음 발생했다고 추측된다. 80년대 펑크 록, 스래쉬 메탈 공연에서 시작되어 이후 그런지 록, EDM, 힙합까지 '필받은' 공연에 해드뱅잉과 함께 필수적으로 따라오는 문화가 되었다. 여기서 짚고 넘어가야만 하는 것은 모싱과 슬램의 위험성이다. 모싱과 슬램은 부상의 위험과 자신의 신체를 무분별하게 노출해야만 하는 단점이 있다. 즉 여성과 노약자에게는 혐오감을 줄 수 있는 공연문화이다. 최근에는 팬들에게 모싱과 슬램을 줄이자고 하는 '개념있는' 뮤지션들도 등장하고 공연장에서도 모싱과 슬램을 허용하는 공간을 따로 만들기도 한다.

- ● 참고 곡

  Ace of spades -Motorhead [1980']

  You shook me all night long -Ac/dc [1980']

  Rock you like a hurricane -Scorpions [1984']

  Looks that kill -Motley crue [1984']

  Living on a prayer -Bon jovi [1986']

  Master of puppets -Metallica [1986']

  Pour some sugar on me -Def leppard [1987']

  Youth gone wild -Skid row [1989']

  Enter sandman -Metallica [1991']

  Cowboys from hell -Pantera [1990']

● 흥미로운 경영전략 '공급 과잉 시대의 기업 생존 전략'

록음악의 글로벌화: 서론에서 언급했듯이 록음악은 국지적 음악이 전세계적 음악이 된 최초의 사례라고 할 수 있다. 80년대로 넘어오면서 전세계의 경제 호황에 더불어서 이런 록음악의 글로벌화 현상은 더욱 두드러지었고 록음악 역시 '공급과잉'에 봉착하게 되었다.

공급과잉 경제: '가치'는 어떤 의미를 가질까? 이윤추구를 목적으로 하는 기업을 연구하는 경영학에서는 가치는 제품의 효용가치를 말하는 것으로 그것은 바로 욕구를 충족시켜 주는 것이라고 할 수 있을 것이다.

글로벌 이전의 경제체제는 '물질가치'에 기반한 희소성 개념에서 출발하였다. 수요가 공급을 초과하여 기업은 고객의 니즈를 충족시키는 품질의 제품과 서비스를 만들어내면 충분히 경쟁력이 있었다.

3대 경영학의 석학이자 학계와 경영인들로부터 두루 정평이 나 있는 '경영 전략의 아버지' 마이클 포터 박사[현 하버드 대학 교수]는 경쟁전략에서 기업이 경쟁우위를 확보하기 위해서는 원가전략, 집중화전략, 차별화전략 중 한 가지 부분에 탁월하여야 한다고 지적하였다.

하지만 80년대부터 글로벌 경제는 공급이 수요를 초과하여 공급과잉 경제시대를 부추기었다. 기업의 경쟁은 심화되었고 자원은 난개발되어 수많은 제품이 소비자들에게 쏟아지었다. 서울시립대학교 정창영 교수[경영학부]는 현대 기업경쟁체제에서 기업이 경쟁력을 갖추기 위해서는 제품(혹은 서비스)에 있어서 차별화에 의한 무형자산에 좌우된다고 말하였다. 그는 무형자산 즉 브랜드 가치, 제품 디자인, 지적재산권, Know-How 등 다른 기업과 차별화되는 자산을 많이 가지고 있는 기업이 현대 공급과잉 기업경쟁체제에서 살아남을 것이라고 말하였다. 마이클포터 박사 역시 국제경쟁우위에 있어서 앞서 말한 원가전략, 집중화전략, 차별화전략 중 2개에 경쟁우위가 있어야 기업경쟁에서 살아남을 것이라고 역설하였다.

그렇다면 지금의 경영을 하고 있는 CEO들의 과제는 무엇인가? 현대 기업경쟁체제에서는 더 이상 제품의 니즈 충족만으로는 경쟁우위에 설 수가 없을 것이다. 고객의 니즈 충족은 기본으로 전제하고 WANTS 충족이 이루어질 수 있는 제품(혹인 서비스)를 시장에 선보여야 할 것이다.

가방도 일반 쇼핑백은 단순히 니즈만을 충족시키며 그저 그런 값을 받지만 그 가방이 루이뷔통이나 샤넬이라면 엄청난 부가가치로 원가에 수십~수백 배의 이윤을 취할 수 있다. 바로 이것이 WANTS 충족 개념이다.

고객이 어떤 제품(혹은 서비스)를 사면서 누리는 특별한 경험, 재미, 남보다 우월한 감정, 자존감 회복 등 WANTS를 충족시켜주는 브랜드 가치, 제품 디자인, 서비스, 플랫폼을 기획하여 시장에 내놓는다면 기업은 적은 원가로도 보다 더 큰 이윤을 확보할 수 있을 것이다. 바로 이것이 지금의

기업의 CEO나 부서 리더들이 가장 먼저 풀어야할 혁신과
제 중 하나이다.

15. Hip Hop '네가 원하는 걸 마음대로 지껄여!'

탄생과 Hip Hop이란?: 디스코 음악이 절정에 달아있던 70년대 말 뉴욕의 언더그라운드 DJ들은 새로운 유행을 선도하려 하였다. 당시 새로운 테크놀로지를 이용하여 소울, Funk 곡을 샘플링한 뒤 그 위에 '사설'을 덮어 자신들의 하고 싶은 말을 늘여 놓았다. 마치 소울이 흑인들의 영혼의 목소리를 대변하듯, 이런 스타일은 80년대 새로운 흑인 젊은이들 사이에 급속도로 퍼지어 힙합음악은 이런 Rap Music을 토대로 한 새로운 흑인문화 현상 전체를 지칭하는 용어로 대두되었다.

발전 동력: 80년대를 들어서면서 신보수 정권 하에서 경제는 어느 정도 나아졌지만 흑인들의 사정은 달라진 것이 없었다. 이에 흑인들만의 거리인 게토 지역의 거리에서 랩 음악을 틀며 자신들의 메시지를 전달하며 힙합 문화는 거세게 성장하였다. Punk음악이 백인 청년 하위 문화라면 힙합은 흑인 청년 하위 문화라고 할 수 있을 것이다.

'B-Boys'[B는 힙합의 비트, 브레이크비트의 약자]

대표적인 뮤지션[Eastcoast Rap 뉴욕씬]: Run-Dmc, Beastie Boys[이들의 86년 앨범 Licensed to ill은 랩 레코드로 최초로 정상을 차지], Public Enemy가 대표적으로 이들은 모두 Def Jam레이블에서 활동한 선구자들이다. 이외에 Grandmaster Flash, Afrika Bambaataa, The Sugarhill Gang, Kurtis Blow, Jam Master Jay, De La

Soul, A Tribe Calles Quest, The Jungle brothers 그리고 Notorius B.I.G가 있다. 특징은 툭툭 뱉어내는 랩 스타일로 속사포같이 빠르며 리듬감 없고 다소 공격적으로 들린다.

대표적인 뮤지션[Westcoast Rap, Gangsta Rap, L.A씬]: Dr.Dre, Snoop Dog, N.W.A, 2Pac Shakur, Coolio 특징은 이리저리 이기죽이기죽 씹어서 말하는 랩 스타일로 리듬을 타며 래핑한다.

암투와 새로운 힙합 문화의 전파: 96년 갱스터 래퍼 투팍 샤쿠르가 살해되는 사건이 발생한다. 반년 뒤 투팍의 라이벌이었던 이스트코스트 진영의 노터리어스 비아이지가 총격 사망을 하게 된다. 이때까지 랩 음악의 양대 진영은 분란이 심화되어 현실적인 각 진영의 최고의 스타가 사망하는 사건이 발생하게 된 것이다. 이때부터 랩 진영의 자성의 목소리가 커지면서 뉴욕, L.A 이외 뉴저지, 클리블랜드, 필라델피아, 시카고 등 여기저기에서 각 지역에 맞는 새로운 힙합 문화가 생겨나기 시작하였다.

● **참고 곡**

Rock box -Run DMC [1984]

The New style -Beastie boys [1986]

Bring the noise -Public Enemy [1988]

Fuck wit dre day -Dr. dre ft:Snoop dog [1993]

Juicy -The Notorious B.I.G [1994]

Gangsta's paradise -Coolio ft:L.V [1995]

Hit em up -2pac ft:Outlawz [1996]

절친하였던 '투팍' 과 '비기'

16. 얼터너티브 록 '상업적인 록을 대안하다'

Grunge rock의 탄생 배경: 펑크 록과 메탈은 앙숙이었다. 미국에 있어서 메탈은 교외의 10대들의 전유물인 반면 펑크 록은 도심의 '개념찬' 대학생들의 음악이었다. 펑크 족들은 '골빈' 메탈키즈를 비웃었고 메탈매니아들은 '연주도 못하는' 펑크족들을 무시했다.

재미있는 것은 80년대에 이들에게서 교류가 발생한 것이다. 여기에 유독 펑크와 메탈의 크로스오버가 강한 것은 시애틀이었는데 바로 'Nirvana'가 탄생했던 곳이 시애틀이다. 너버나의 명반 [Smells like teen spirit]91'도 만들고 나서 밴드 리더인 Kurt cobain(커트 코베인)은 "마치 '블랙 사바스'(70년대 헤비메탈 밴드)를 듣는 것 같았다"라고 고백한바 있다. 그런지 록은 펑크 록과 헤비메탈의 크로스오버가 강했던 시애틀의 언더그라운드 록음악을 지칭하는 말이다. 그러면 얼터너티브 록이라는 말은 무엇인가?

Alternative rock 이란?: Alternative라는 단어는 '대안적인', '대체의'라는 뜻이다. 얼터너티브 록(이하 얼터 록)은 '대안이 되는 록'이라는 뜻이다. 얼터 록은 기존 상업적인 록에 대안이 되는 록이라는 개념이다. 이미 언급한 바와 같이 80년대 록음악은 '돈벌기'에 혈안이 되었다. 80년대는 음악성의 완성도가 적어도 비주얼적으로 화려하거나 마케팅적으로 계산된 플레이로도 어느 정도 돈벌이가 되는 시대였다. 경제호황과 MTV로

확장된 음반시장은 이에 기본적인 토양을 제공해주었다. 여기에 90년대로 넘어오면서 80년대의 소외된 이들의 대변인이었던 메탈리카가 기존 노선에서 탈피하는 등 90년대 직전까지 록음악의 상업성이 극대화되자, 세상에서 소외된 계층의 대리만족을 해줄 우상이 다시 한번 필요했던 것이다. 록 평단에서도 새로운 젊은 세대들의 음악들이 속속 등장하자 그에 걸맞는 '장르'를 네임화하는 과정에서 '얼터너티브 록'이라는 용어가 탄생했다.

커트 코베인: Nirvana의 리더 커트 코베인의 등장으로 얼터록(=그런지록)은 전세계적으로 혁명적인 수준으로 번져 나갔다. 당시 25만장 목표로 만든 91년 앨범 [Never mind]는 800만장의 판매고를 올렸다. 미국은 물론이고 팝 시장의 판도는 삽시간에 얼터 록으로 물들여져 갔다.

시애틀의 노동계급 가정 출신인 커트 코베인은 어려서 예술에 천부적인 소질을 가진 내성적인 소년이었다. 단지 그림 그리기 좋아하는 예술'끼' 충만한 평범했던 소년이었던 그를 삐뚤어진 인생으로 몰고 간 것은 부모의 이혼이었다. 그는 부모의 이혼 후 바로 예술학교를 중퇴했고 방랑에 들어갔다.

커트 코베인이 방랑 중에 조직한 것이 바로 너바나이다. 89년에 인디레이블에서 발매한 데뷔작[Bleach]가 메이저 프로듀서에 눈에 띄어 [Never mind]를 발매하게 되었다. 커트 코베인은 이 앨범에서 자신의 암울한 인생에서 기인한 자본주의에 대한 사고방식을 신랄하게 쏘아댔다. 이 앨범으로 80년대 암울했던 펑크 록은 화려하게 부활하였다.

너바나의 성공으로 Pearl jam(펄잼)의 [Ten]앨범이 900만장이 판매되는 등 시애틀의 4인방 너바나, 펄잼, sound garden(사운드 가든), Alice in chains(앨리스 인 체인스)를 주축으로 얼터 록이 팝계를 장악했다. 이외에도 시카고 출신의 Smashing pumpkins(스매싱 펌킨스)나 Stone temple pilots(스톤 템플 파일럿츠), Sponge(스폰지) 등 미 전역에서 얼터 록 밴드들이 뒤이어 가세했고 영국의 Bush(부쉬), 호주의 Siverchiar(실버체어) 등 얼터 록이 빠르게 전세계적으로 팝계의 주류로 부상했다.

커트 코베인과 '너바나'의 기념비적인 앨범 [never mind]의 자켓 낚시 줄에 매달려 있는 지폐를 순수한 아기가 바라보는 장면이 인상적이다.

New punk, Neo punk: 이렇게 얼터 록 앨범들이 발매와 동시에 수백 만장의 판매고를 올리자 팝계에서는 서로 앞 다투어 '펑크 록 리바이벌'에 공을 들였다. 90년대 중반 캘리포니아 지역에서 Green day(그린 데이), The Offspring(오프스프링), Rancid(랜시드) 등은 암울한 세대의 포효인 펑크 록을 순화시켜서 발랄하고 활기차게 만들었다. 이들은 펑크 록은 '생날톱'같은 펑크 일렉기타에 대중적 멜로리 라인을 결합시켜 흥겨운 뉴펑크를 만들어냈다. 이들의 펑크 록은 10대들의 파티에서 분위기를 'UP'시키는데 어울릴 것 같다고 해서 'Party펑크'로도 불린다. 뉴 펑크 앨범 역시 발매했다면 수백 만장 이상은 보장되었고 일부 앨범은 일천 만장 이상의 플래티넘을 기록하기도 했다. 이런 흐름을 본다면 너바나에서 기인한 '얼터 록 현상'이 당시 얼마나 '혁명적'이었나 라는 것을 알 수 있다.

커트 코베인의 딜레마: 너바나의 커트 코베인은 자본주의의 이면을 과감하게 들추며 록의 상업성을 비판하였는데 막상 자신이 전세계적으로 성공을 하고 영향력이 막강해진 것에 대해서 혐오감을 느꼈다. 라이브 무대에서는 연주했던 악기들을 과격하게 부수는 퍼포먼스를 하고 미디어의 인터뷰에서도 아랑곳하지 않고 가운데 손가락을 표현했다. 음악적으로도 [Never mind]91' 이후 앨범 [In utero]93'는 대중적인 앨범이기 보다는 더욱 펑크적이고 거칠어졌다. 이는 기존의 성공을 맛본 이후의 대중 노선으로 전환하는 대부분의 20세기의 대중가수와는 다른 모습이었다. 하지만 이런 커트 코베인의 일련의 행동들에 팬들은 떠나기는커녕 그를 더욱더 우상화했고 매체 역시 더욱 그를 향해 앞다투어 달려 들었다. 그는 단지 성공과는 거리를 두면서 자신이 하고 싶은 음악을 하며 소소하게 살고 싶었지만 내성적인 그에게 이런 큰 성공은 상당한 부담으로 작용했던 것이다. 그는 더욱더 딜레마로 빠져 들어갔다. 그가 그렇게 비판

했던 상업성의 최고 정점에 본인이 서있었던 것이다. 이런 자신의 내적 고뇌는 [In utero] 앨범에서도 잘 표현이 되어 있다. 이 앨범에서 그는 진정한 나의 모습을 알아주는 이가 없어 인간에게 가장 편안한 곳, 엄마 뱃속 즉 '자궁(Utero)'으로 돌아가고 싶은 심정을 표현했다.

[In utero] 발표 후 레이블은 너무나도 비상업적인 음악성에 놀란 나머지 너버나에게 당시 선배뮤지션들을 중심으로 붐이 조성된 '언 플러그드' 공연을 강요했다. 레이블과의 계약 때문에 발표한 94년작 [Unplugged in New York]는 자신들의 음악 노선과는 완전히 다른 노선임에도 레이블의 강요에 따라 어쩔 수 없이 했고 그럼에도 팬들은 열광했다. 이런 일련의 흐름들은 더욱 커트 코베인을 궁지로 몰아 넣었고, 이 공연을 했던 94년에 커트 코베인은 권총으로 자살하였다.

"서서히 사라질 바에는 한꺼번에 불타버리는 것이 낫다" -커트 코베인(1967~1994)

● 참고 곡

Smells like teen spirit -Nirvana [1991']

Come as you are -Nirvana [1991']

Black -Pearl jam [1991']

Losing my religion -R.e.m. [1991']

Would? -Alice in chains [1992']

Plush -Stone temple pilots [1992']

Today -Smashing pumpkins [1993']

Black hole sun -Soundgarden [1994']

Basket case -Green day [1994']

The kids aren't alright -The Offspring [1999']

17. 록의 내파 '록! 중년이 되다'

커트 코베인의 유서: 커트 코베인은 유서에서 그는 본인의 음악으로 인한 헤아릴 수 없는 팬들의 성원이나 라이브 무대에서의 팬들의 함성 소리에 흥미를 잃었다고 한다. 가식적으로 무대에서 공연을 하는 것에 대해서 상당히 죄책감을 느꼈다고 한다.

대중가수들이 본인의 현재 감정이 어떻건 간에 돈을 벌기 위해 무대에서 팬들을 위해서 인공적인 가면을 쓰고 공연을 해야만 하는데 커트 코베인은 그것에 대해 재미를 못 느꼈던 것이다. 펑크 정신일까? 그는 이런 말을 했다. "나 아닌 누군가가 되어 사랑 받기 보다는 온전한 나로서 미움 받는 길을 택하겠다"

록의 내파: 커트 코베인의 죽음으로 록은 내파되었다. 로큰롤의 탄생이래 각 시대의 젊은이들은 자신들의 문화와 감성을 대표하는 코드의 하나로 다양한 록 음악을 선택했다.

록 음악은 시대별로 새롭게 대두되는 젊은이들의 기호에 맞게 모습이 변화했다. 60년대 히피들은 사이키델릭 록을, 70년대 남성 마초맨들은 헤비메탈을, 예술'끼' 충만한 작가들은 아트 록을, 70년대 후반 프롤레타리아들은 펑크 록을, 풍요의 시대 80년대 신세대들은 듣기 좋고 멜로디 좋은 팝음악을, 90년대 소외된 이들은 얼터 록을 들으며 젊음의 열정을 태웠다.

각 시대의 젊음을 대표하는 록이 시들어질 때 새롭게 태어나는 젊은 세대들에게 새로운 록 음악이 기존 록 음악을 대신하며 득세했다. 새로운 젊은 세대들에게 환상을 심어주며 인기를 모앉던 것이다.

하지만 50년대 중반 발생한 록 음악도 이제 나이가 들어가는 걸까? 90년대 중반의 커트 코베인의 죽음으로 록은 젊은이들의 메인스트림에서 점차적으로 거리가 멀어져만 갔다. 어쩌면 반복되는 새로운 록 장르의 환상에 대한 거부이자 록 이외에 새로운 것을 추구하는 본능이 합치해서 나온 결과라고 할 수 있을 것이다. 커트 코베인이 생을 마감하고 모던 록, 뉴 펑크, 브릿 팝, 하드코어, 헤비메탈 등이 계속 국지전을 펼치었지만 팝의 메인스트림은 70년대 후반 및 80년대 언더그라운드에서부터 생성된 힙합과 최첨단 테크놀로지를 앞세워 젊은이들을 '환상적'인 사운드로 몰입시킨 'EDM', 그리고 장르간 '크로스오버'로 점차 그 권력이 넘어가고 있다. 록 음악은 더 이상 젊은이가 아니다. 이제 중년의 나이가 된 것이다. 물론 팝차트에서 성공해 인기를 구가하는 밴드들이 있지만 젊은이들의 마음속 '넘버원'에서는 멀어지는 것 같다.

● **흥미로운 경영전략 '4차 산업 시대의 경영전략'**

융합의 시대: 4차 산업의 시대라고 한다. 흔히 4차 산업의 시대를 '융합'의 시대라고 한다. 융합은 사전적으로 '다른 종류의 것이 녹아서 서로 구별이 없게 하나로 되는 현상'을 말한다. 직전까지의 시대가 '기기의 융합'시대였다면 4차 산업 시대에는 '개념의 융합'이 가속화될 것이다.

최근 뉴스에 잊혀진 올드한? 밀가루 브랜드 제조회사에서 촌스러운? 브랜드 로고가 찍힌 백팩이 불티나게 팔리고 있다는 뉴스를 접했다. 밀가루 제품 포장규격과 똑같이 생긴 이 백팩은 디자인은 볼 품이 없어 보인다. 하지만 최근 젊은이들 사이에서 큰 이슈가 되어서 별 마케팅 노력 없이 좋은 반응을 얻고 있는 것이다. 이처럼 4차 산업 시대에는 과거에는 맞지 않았던 컨셉들이 새롭게 융합함으로써 기업의 먹거리가 될 가능성이 큰 시대가 될 것이다. 역사가 진보할수록 소비자들은 새로운 것을 추구하고 과거에는 없던 것에서 재미와 새로운 경험을 주는 것들에 반응할 것이다.

그렇다면 경영인은 어떤 사고방식을 가져야 할까? 지금까지도 그랬지만 앞으로의 사회를 이끌어 나갈 동력도 '4차산업' 자체보다는 경영인의 마인드가 될 것이다. 세상을 혁신적으로 바꾸는 아이디어는 항상 경영인의 머리에서 나왔다. 매일 아침에 변화하는 세상을 우리는 본다. 그것은 무한경쟁 속에서 살아남기 위해 발버둥치는 경영인의 사고에서 뿌리가 있다고 할 수 있다. 자고 일어나면 우리는 새로운 플랫폼, 새로운 제품[혹은 서비스], 새로운 비즈니스 모델을 접한다. 4차 산업 시대를 떠나서 기업경쟁이 더 치열해질수록 혁신적인 사고방식은 과거보다 더 요구되어 질 것이다. 경영학의 아버지 피터 드러커는 '비즈니스의 목적은 고객창출에 있다'고 말한다. 레트로를 다시 가져와 뉴트로를 만들든 전혀 새로운 방식의 플랫폼이나 고품격의 브랜드 가치를 창출하든 기업 경영의 본질은 과거의 트렌드를 꿰뚫고 새롭게 꿈틀대는 트렌드를 완벽히 이해하여 혁신적인 제품[혹은 서비스]나 플랫폼을 통해 최대의 고객창출을 하는데 있을 것이다. 이를 우리는 팝음악의 역사를 통하여 본 것이다.

● 에필로그

지금까지 록의 탄생이래 그 역사를 거칠게 거시적으로 살펴보았다. '록의 음악사와 흥미로운 경영전략'은 90년대 중반의 '록의 내파'까지 흐름으로 마무리한다. 록의 탄생부터 록이 팝의 메인스트림에서 멀어지어 가는 시점까지 다루고 그 속에서 팝음악사에 획을 그은 흐름과 기본적인 경영전략을 매칭하며 현대기업경쟁체제에서 기업생존전략을 어떻게 가져가야 할지를 살펴보았다.

가장 서두에 언급한 것처럼 록 음악은 한 지역의 음악이 지구촌 전체의 대중음악이 된 최초의 사례이다. 록 음악의 태생 이래 수십 년간 젊은이들의 문화를 대변하는 음악으로 자리 잡아 왔다. 문화는 그 사회를 투영하는 거울이다. 록 음악을 거칠게나마 시대별 유행과 그 유행의 탄생의 이해를 돕기 위해 시대적 배경 또한 짧게나마 살펴보았다. 방대한 록 음악의 역사를 짧게 엮으려고 하니 쉽지 않은 점이 많았음을 이해해주기 바란다. 간추리고 요약하고 때로는 넣지 못한 부분이 있어 안타깝게 생각한다. 기회가 된다면 커트 코베인의 죽음 이후부터 최근의 팝의 흐름을 다시 집필하는 꿈을 가지어 본다.

학사와 석사를 경영학을 했다는 이유로 청년 시절부터 취미였던 팝음악을 연결하여 아마추어적으로 집필하여 보았다. 어쩌면 이 글을 보는 저자가 더욱 경영이나 록 음악사에 혜안이 있을 것이다.

세상의 모든 일은 긍정적인 면과 부정적인 면이 동시에 존재한다고 생각한다. 저자가 이 책을 읽고 어떤 긍정적인 면을 도출해내면 행복한 일이 아닐 수 없을 것이다.

부디 모두가 화합하고 함께 웃으며 걸어 나갈 날이 오기를 바라며,,,

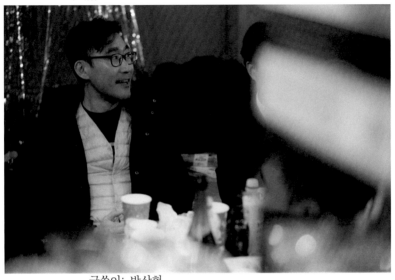

글쓴이: 박상현

경동고등학교 [52회]

서울시립대학교 경영학 학사

서울시립대학교 경영학 석사 [MBA]

케이티모바일 전략영업팀 차장

아이원 영업, 마케팅 총괄 본부장

한국문자통신 이사

저서: 이상하게 좋은 UOS MBA TREND

● **부록 팝 계보**: 음악적 영향을 줌(푸른색), 태도, 정신, 외향 등 영향을 줌(주황색),상호 영향을 주고 받음(검은색)

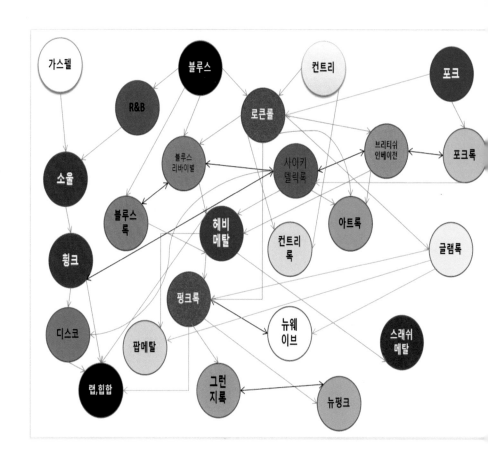

● 참고 문헌

찰스 질레트 - The Sound Of The City: The Rise Of The Rock And Roll

사이먼 프리스 - Sound Effect: Youth, Leisure And The Politics Of Rock'n'Roll

사이먼 프리스 & 앤드류 굿윈 - On Record: Rock, Pop, And The Written Word

하세민 - 음악사를 빛낸 기타맨 I

하세민 - 90' 모던록 아티스트 사전

임진모 - 록 그 폭발하는 젊음의 미학

임진모 - 팝 리얼리즘 팝 아티스트

신현준 외 - 얼트 문화와 록 음악2

신현준 외 - 얼트 문화와 록 음악2

세광음악출판사 - 팝아티스트 소사전

죽기 전에 꼭 들어야 할 앨범 1001

죽기 전에 꼭 들어야 할 팝송 1001

All Music Guide [4th Edition]

Thanks to: 나의 가족들, 김민석, 김성모, 김성수, 김철중, 도규상, 박동하, 서정호, 이선재, 임찬태, 장순귀, 전용진, 전우정, 조승철, 최인호 Globalbizman 언제까지 파이팅!